栗本啓司
KURIMOTO Keiji

人間脳の根っこを育てる

進化の過程をたどる
発達の近道

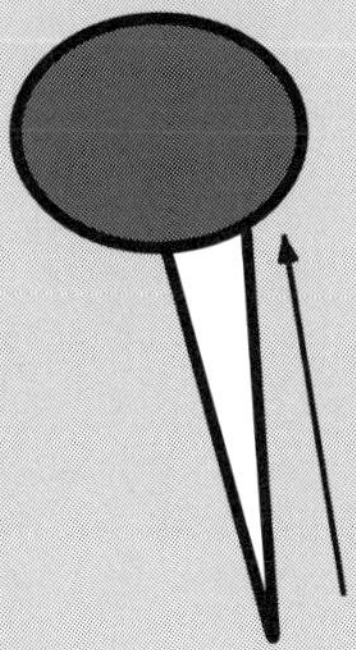

花風社

まえがき

発達障害について、わかってきたことがたくさんあります。

発達障害者は発達する。
なぜ？
発達障害とは発達のヌケであり、ヌケならいつでも取り戻せるから。

発達障害は心の障害ではなく神経発達の障害である。
どういうこと？
発達障害は全身にかかわるということ。
そして中でも中枢神経は、頭蓋骨と背骨の中にあるということ。

そもそも神経が育つとはどういうプロセスを経るものなのか。
進化と発達の過程を見つめ直すと
そこには発達の近道へのヒントがたくさんありました。

こうやってわかった発達援助の方法は
心身に負担がかからないから、多くの人が取り組む気になります。
やってみて簡単だから、くじけずに続けられます。
それを、この本にまとめてみました。

人間脳の根っこを育てる　目次

第一部

なぜ進化の過程をたどることが人間脳を育てるのか？

浅見 栗本さん、今回もよろしくお願いいたします。

栗本 よろしくお願いいたします。

花風社ではこれまで、栗本さんが著書となっている本を二冊出してきました。

一冊目は『自閉っ子の心身をラクにしよう！——睡眠・排泄・姿勢・情緒の安定を目指して今日からできること』です。

これは、発達障害とその周辺にいる人たちが抱えている不具合が実は脳だけにあるのではなく、内臓や関節という従来の療育の世界では注目されていなかったところにもあることに注目した本です。内臓や関節などを育てることによって、睡眠の不具合等、これまで「障害特性だから仕方ない」とされてきた問題を解決する方法を具体的に提案しました。たくさんの人のお役に立ち、今も版を重ねています。

二冊目は『芋づる式に治そう！——発達凸凹の人たちが今日からできること』です。

これは私が長年、解決したいと思っていた問題を解決してくれる本でした。

私は十数年前、発達障害の人々とかかわる仕事を始めてすぐに、この人たちが四季の変動に翻弄されやすいことに気づきました。季節の変わり目に弱くて、新学期に崩れる人も多かったし、そもそも「苦手すぎる季節」があって「働ける状態ではない」時期もあるのです。そういう身体だと、安定して仕事をしたり、社会参加したりするのが難しくなります。だからなんとか、四季を通じて機能する身体づくりを本のかたちで伝えたかったのです。これも、多くの人々が季節を快適に乗り切るのにお役に立っています。

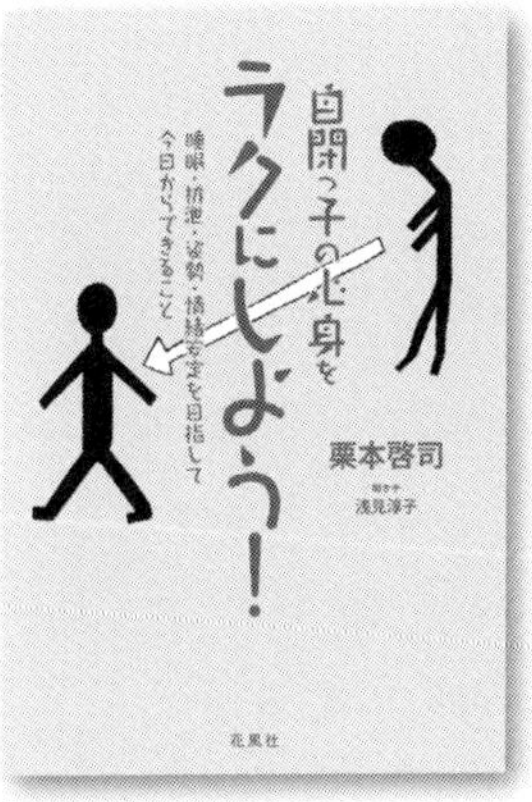

『自閉っ子の心身をラクにしよう！』

『芋づる式に治そう！』

以前の身体アプローチは、どちらかというと「鍛える」ベクトルを持ったものが多かったですね。でも栗本さんが特別支援教育・発達援助の世界に持ち込んだ「コンディショニング」は、

・弛める
・弛めて力の出し入れが自由な身体を作る

という方向性だったので、「鍛える」方向に抵抗のあるお子さんたちにも受け入れやすかったようです。

そしてこの二冊の本を出して、栗本さんは全国様々な場所に住んでいる方々から指導を頼まれるようになりました。北海道から沖縄まで、気候もバラエティに富んだ地で暮らすたくさんの人々の身体の特性をみる機会を得ました。その中で本章のテーマである「進化と発達の過程をたどる身体育て」が必要だと思うようになったわけですね。

そうです。

なぜ進化と発達の過程をたどる身体育てが必要なのか

私はもともと、「発達障害の人はコミュニケーション能力云々以前に身体が不便そうだ」と感じてきました。それがおそらく社会参加を阻んでいる大きな原因になっているだろうと考えました。週五日どこかに通うだけのエネルギーがないために居場所が大幅に制限されていた人に数多く出会ったためです。

だからこそ、身体の問題さえ解決すれば相当生きやすくなるのではないかと感じ、身体アプローチに力を入れることになりました。いいなと思う方法があると見つけて本にしてきました。

そして本を読んで実践に結びつけてくださる人たちが、たんなる体力づくりにはとどまらず、「一生治らない」といわれていた障害特性とどんどんさよならしていくのをみてきました。

なるほど、そうでしょうね。

どうしてこんなによくなる人が多いのだろう、と考えたとき、発達には土台があり段階があることに気づいたのです。つまり発達はピラミッドになっているんですね。

土台があって、そこに積みあがっていくのが発達です。ならば、土台をしっかり固めるとどんどん育っていくのは当たり前です。逆に言うと、土台がしっかりしていないのに上が積み重なると発達凸凹になるわけです。いわば、いびつな土台の上に発達が積みあげられて、ちょっとかたちがくずれたソフトクリームのようになった状態を発達凸凹と呼ぶのだろうと考えるようになりました。

そして、発達がどのような段階をたどるのか考えていたとき、ピラミッドが二つ必要なことに気づきました。胎児を出発点とするピラミッドと、原始的な動物を土台にするピラミッドです。

まず、人は受精卵から細胞分裂を起こし、胎児になり、やがてこの世に生まれて新生児、乳児、幼児、というプロセスをたどって成人になります。各段階が次の段階の土台になっています。「発達障害」と言うと「障害」にばかりとらわれてしまいますが、「発達」の方にも注目したいと思います。そして「発達」とは途中から始まるものではありません。土台があって段階を通り、積みあがっていくものです（ピラミッド①）。

そして人間になる前、もっと原始的な生き物だった段階があります。ここから発達し、大きな頭脳を持つに至ったのが人間ですね（ピラミッド②）。

個体発生と系統発生ですね。進化と発達ですね。

はい。そしてこうしてみてみると、「発達」のほとんどのプロセスが「言語能力を獲得する前」にあるのがわかります。図を描くと一目瞭然なのです。そして「そうか、不

ピラミッド❶

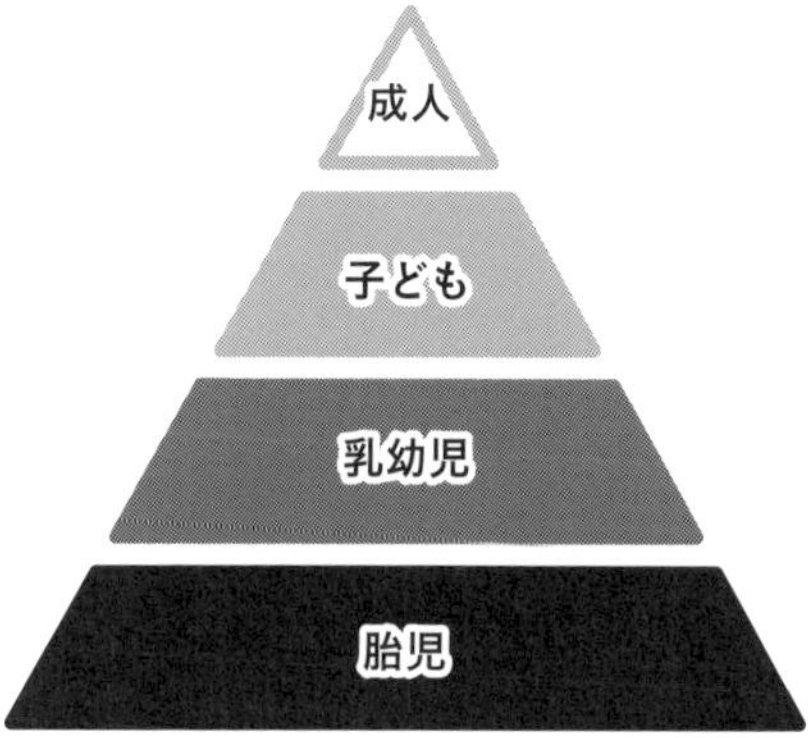

ピラミッド❷

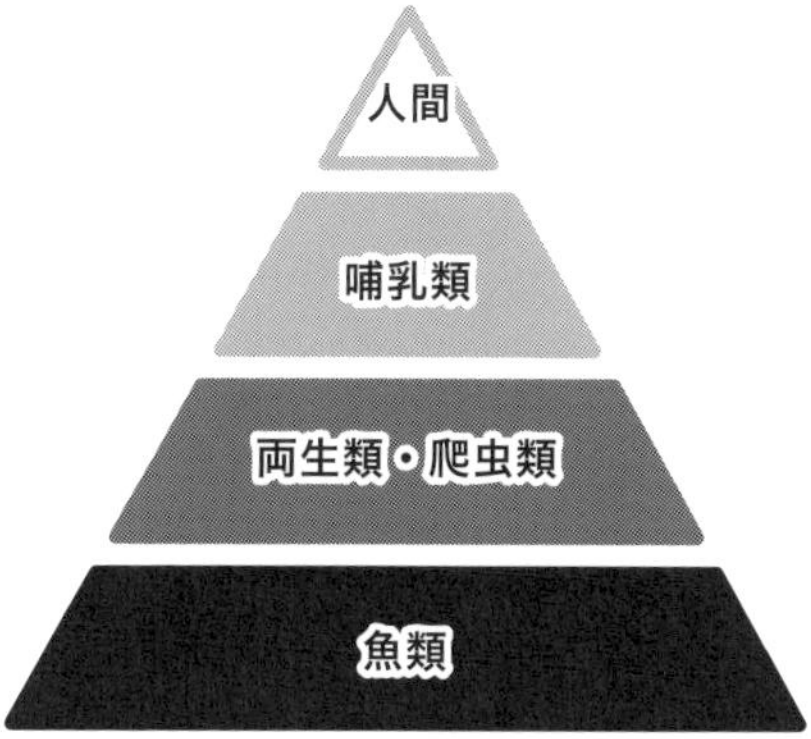

具合は言語能力以前の領域にあったのだから言語以前の領域に働きかける身体アプローチが効果的なのは当たり前なのだ」と気づいて今があるわけです。

だから今回栗本さんが「進化と発達の過程をたどるコンディショニングが必要だ」と提言し始めたことはとてもよく理解できます。人間は言葉を持つ生物ですが、発達障害の人を見ていると、他の生物と共有している「言葉を駆使する生き物になる以前の在り方」に苦しさを抱えている人たちに思えてならないからです。

そうですね。発達凸凹の人たちは、言語能力以前のところに未発達や発達のヌケを抱えている人たちだと思います。
そして今回なぜ、「進化と発達の過程をたどる身体育て」が必要だと考えるように至ったのか、私の方からも四つ理由を挙げておきたいと思います。

進化と発達の過程をたどる身体育てが必要な四つの理由

今回、全国を指導に回る中で「進化と発達の過程をもっとていねいにたどる必要が

ある」と思った理由は以下の四つの目標を実現したいからです。

一　「やりたいことができる身体」を育てる。そのために、発達障害特性のある子どもや大人の「動きの発達段階」を見極め、各自の段階に合った身体育ての実践へとつなげる。

二　進化や発達の動きをたどることで、しっかりと使い切れる身体、充分に弛められる身体を育てる。これが「やりたいことができる身体」につながっていく。

三　中枢神経を育て、意識運動（大脳皮質の働き）と無意識運動（原始反射等）の連携を促す。

四　集団指導に役立て、社会生活へとつなげる。

なるほど。進化と発達の過程をたどることには意味がありそうですね。
では今あげてくださった目標、ひとつひとつについて説明をお願いいたします。

わかりました。

進化と発達の過程をたどる身体育て　【第一の目標】

「やりたいことができる身体」を育てるため「動きの発達段階」を見極める。

ではまず第一の

―「やりたいことができる身体」を育てる。そのために、発達障害特性のある子どもや大人の「動きの発達段階」を見極め、各自の段階に合った身体育ての実践へとつなげる。

からご説明します。

まず質問です。ここでいう「発達段階」とは何ですか？

それに関しては、この二つの表でご説明しましょう。

人間は脊椎動物ですよね。そして脊椎動物の動きはこう進化してきました。

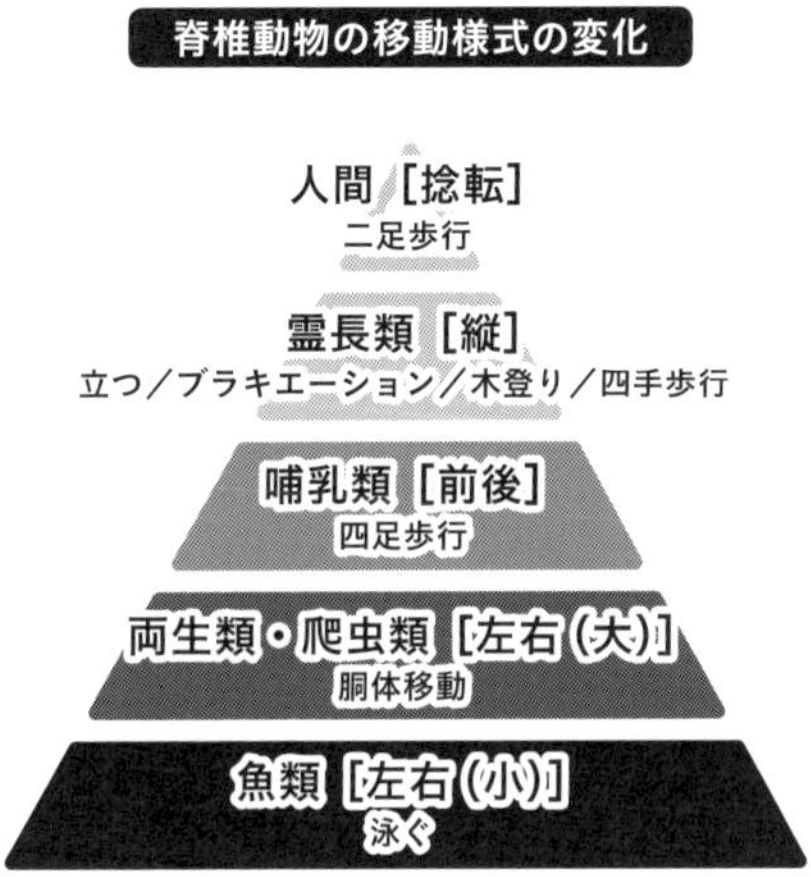

なるほど。

そして他の脊椎動物と比較したとき人間の特徴は、二足歩行できることです。二足歩行に至るには胎児期から二足で立って歩くまでこのような段階を通って発達していきます。

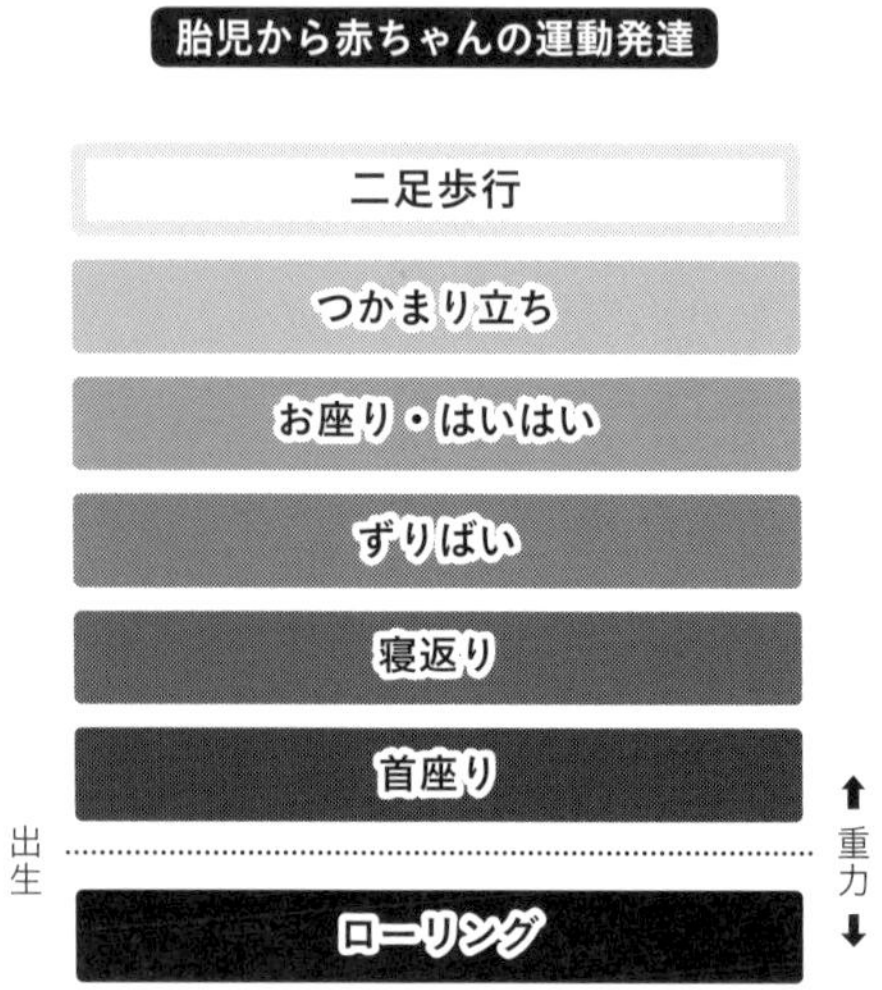

なるほど、そうですね。

けれども発達障害の人たちは二足歩行がきちんとできていないと感じることがあります。そして人間は、二足歩行がきちんとできてこそ、道具を使ったり、思考したり、仲間とコミュニケーションをとったりという人間らしい活動の土台ができているはずです。

栗本さんがおっしゃるのは「きちんと二足歩行ができているかどうか」わからない、ということですよね。というのも、一応、一見したところたいていの人は二足歩行をしていますから。

　でも『自閉っ子、こういう風にできてます！』（ニキ・リンコ＋藤家寛子＝著／花風社）でニキ・リンコさん、藤家寛子さんが語ってくれたように、発達に凸凹のある人は、定型発達者より意識的に「右・左」と自分で自分に声をかけて足を動かしていたりすることもあるようです。つまり、定型発達者ほど自然に二足歩行ができていないんだろうな、と思うことはあります。そして歩くことに余分に脳みそ活動を要する分、エネルギーが切れてしまい、疲れやすいし社会性の発揮までエネルギーが回らないのかな、と理解してきました。

「きちんと」二足歩行ができているかどうか示す指標のひとつとして、「片足立ち」があります。片足立ちができない人も多いですよね。

それから一本線をたどってみてというと一歩一歩歩けない。だだだだっと走ってしまったりしますよね。

片足立ちの検査って発達の度合いをみるために行われることが多いようですが、バランスが取れるかどうかをみるための検査かと思っていました。でも栗本さんの見方では、きちんと二足歩行できるかどうかをみる検査でもあるんですね。「片足立ちできていない＝二足歩行がきちんとできていない」なんですね。なんで片足立ちができないことが二足歩行できないことにつながるんですか？

二足歩行を分解してみると、片足立ちでしっかり立つことを繰り返しているんです。いったんは片足にしっかり体重を乗せている

片足立ち

タンデム歩行

んです。それができていないと、一本道もだだだだだ、と走ることになってしまうんです。

なるほど。体重がきちんと片足に乗っているかどうかの目安なんですね、片足立ちの検査は。

二足歩行と片足立ちができること。それが人間の動きの特徴です。ところが発達障害の人の中には片足立ちが苦手な人も多いです。それはすなわち、二足歩行がきちんとできていないということなのです。

なるほど。

二足歩行がきちんとできていない人たちに立位からの身体アプローチを指導しても、やりたがらないことがあります。実はそこまで発達していないし、本人にとっては負担がかかりすぎるんですね。だから、やる気にならないし、効果が得られません。そういう人に出会ったら私は現場で、まず寝転んだり床に座ったりした姿勢での指導を行っています。

それが「発達段階」を見極めたアプローチなんですね。

●座位での運動を開発してみる

そうです。発達の段階を見極めると、進化と発達をたどり、立位の前にまず寝転がったり座ったりした姿勢のコンディショニングから始めた方がいい場合も多いのです。

一見立てている、歩行できている人、でも実はきちんと立てていない、歩行できていない人。そういう人が発達障害児者には多いわけですね。そしてその人たちを無理やり立たせるのではなく、まずは二足歩行の前、座った動きから取り組んでいこうということですね。

でもそれって、既存の療育に対する批判がちょっと入っていますよね？

そうですね。実際に背骨を縦にした状態の支援をやってみても、子どもたちが集中しないことが多いのではないかと思うのですが。

たしかにそうかもしれません。運動が発達にいいのはわかっている。でも子どもはやりたがらない。その理由のひとつが「その子の発達段階には立位での動きが難しすぎる」ことにあるのかもしれません。

発達障害の特性がある人たちは、そもそも背骨を立てるのが大変な人たちです。だったらもっと発育発達の動きをやりきらせてあげて、そのあとなら背骨が縦になってもラクなのに、それを飛ばして支援している場面が多いと思うんですね。椅子に座らせる。立たせる。立つと立っていられないから動いたり肩に力が入ったり。

立つまでの身体になっていない子に立つ指導をしていると栗本さんの目には映るんですね

そうです。じっと立っていられないから、興味があるものが目に入ると動いちゃって怒られる。それは当たり前なんです。立位の動きの制御を学んでいる段階なのだから。

「そもそも立って運動できる身体になっているか」を見極めることが大事。

だったら制御することができる段階まで戻ってやり直せばいい。立位で行う運動よりは、立位になる前の進化の過程をたどるほうが興味が持てるんです。そして、進化の過程をたどる動きとはすなわち、横になったり座ったりしてやってみる動きなんです。

なぜ横になったり座ったりする動きの方が興味持てるんでしょうか。ラクだから？

それもあるかもしれません。でも一番大きな理由は、発達の過程で実はみんなやってきたことだから、ではないでしょうか。難しいスポーツと違って、多かれ少なかれ知らず知らずのうちに実は発達の課題として自然にやってきたことだから、できそうに思えるんです。

寝転がったり、身体ねじったりは赤ちゃんでもやっていますよね。あれも運動なんですね。

そうなんです。発達途上の自然な動きなんです。そして「運動」ということを、皆さん狭く考えていると思うんです。人間の動きはすべて運動です。赤ちゃんは一見意味がなさそうに見える無意識の動きで自分を育てています。自分の神経系統を育てています。そして、大人でも子どもでも生活していくことにはすべて身体を動かすことがかかわってくるでしょう。食べるのだって運動だし。

なるほど。

そして身体を起こして生活する前には、床でごろごろと寝たりして身体を確かめていた時期があったはずなんです。

誰にでもあったはずですね。

そうです。だから寝転がったり座ったりする指導を行うと、「これならできそうだ」という感じが子どもの中に芽生えます。

ああ、そうでしょうね。

> 人間の動きはすべて運動。その子のレベルに合った動きをやりきらせてあげる。

● 自発性と主体性をもって身体を動かすことの必要性

浅見さんが気づいてきたように、身体アプローチは発達に効果があるんですよね。でも、「やらされている」のではだめなんです。自発性と主体性が伴った動きでないと発達はしないんです。

たとえば赤ちゃんが何か興味を持つ対象に頭を向けてじっと見ることがあるでしょう。ああやって首を育てているんです。あの段階があるから、首がきちんと座って身体を起こす準備が整うんです。

 なるほど。自発的な動きでこそ育つとはそういうことなんですね。だから昨今特別支援の世界でも、遊びでこそ発達していくのだということが指摘されています。身体アプローチとは本来、親がやらせたいと思ってやらせるものではない。本人がやる気になる環境を作るまでが周囲の仕事なんですよね。

これまで身体アプローチを広めるうえでそこが課題だと思ってきました。支援者や保護者がやらせたい、と思っても本人が乗らないことがあるから。

 はい。そしてここでいう発達とは、見た目や検査上での発達ではなく本当の発達のことです。

 たとえばボール投げのような「スポーツが上手になる」のはいいことだけど、本当の発達の基準とはそういうものではないということですね。いわゆる運動音痴でも、病弱でも、知的な活動を含めて立派に社会的な活動をこなしている方は社会の中にたくさんいらっしゃいますし。

そうなんです。スポーツが上手になることが発達ではないんです。あくまで生活に活かせる身体の動きができることが発達です。

なるほど。それが「やりたいことができる身体」ですね。

●進化・発達の究極の目的とは？

そもそも、生き物にとっての発達の究極の目的って何かわかりますか？

生き延びること、ではないでしょうか。

はい、『支援者なくとも、自閉っ子は育つ』（こより著）で見てきたように、発達の究極の目的は生き延びることです。自己保存こそが、進化・発達の目的です。生き物は生き延びるために発達し、進化してきました。

さらに細かく言うと、生物の動きの進化・発達の目的は「捕食」と「逃げること」だと考えています。

そうですね。食べられないと死んでしまうし、危険が迫ってきたときに逃げられないと死んでしまう。

進化と発育発達はここで結びつくんです。

進化も発達も、生き延びることを目的にしてきた。そして生き延びるためには「捕食」と「逃げること」が大事。両方とも身体で行うことですね。

そして現代においては「捕食」と「逃げること」って、かなり抽象的な方に意味が変わってきたかもしれませんね。どちらも高度に社会化された活動になっていて、身体性が目立たなくなっているかもしれません。発達障害の人たちはそこに苦労している。その苦労のありかは一見大脳皮質的な活動に見える。でもその奥底にあるのは動物としての「捕食」「逃げること」の能力なのでしょうね。

たとえばボール遊びとかも、捕食活動の延長だと思うのです。

たしかに。つかむ、とか、投げる、とか。

昔は画一化されたボールなどはないから、その都度つかむ対象の形によって微妙に手首の角度を変えたりしていたと思うのです。そして手首の動きは首と関係しています。首が座って初めて、手首が使えるようになります。

そこで赤ちゃんがまだ立位に至る前、興味があるものの方を向いてじっと見つめ首を育ててきたことが活きてくるというわけですね。

たしかに首が座っていないと手首の角度を調節して何かをつかむのは難しそうです。そして今、大脳皮質的な捕食活動（デスクワークなど）が一般的になっても、やはり首が座っているかどうかって大事ですよね。生産性を左右します。

一見関係なく見えるかもしれませんが、ボール投げもデスクワークもどちらも原始反射のひとつ、対称性緊張性頸反射（下の絵を参照）が残存していると難しい動きです。

首が座っていて、目と手が協調できていて、重力と適切なお付き合いができる。対称性緊張性頸反射はそういう能力を育てるために生後六か月くらいで現れる反射だと『人間脳を育てる――動きの発達&原始反射の

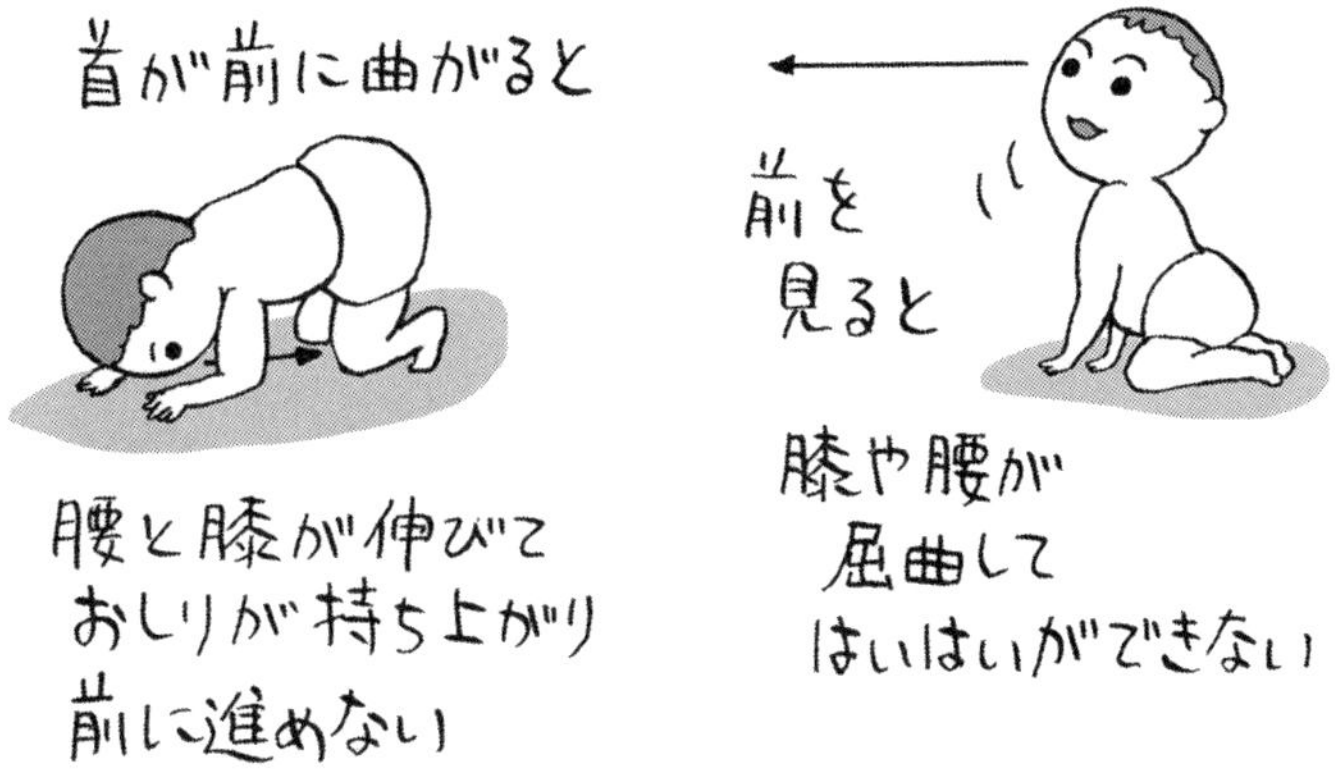

＊『人間脳を育てる』灰谷孝＝著より

成長』の著者灰谷孝さんは説明されていますが、木の実を採取していた原始人にとっても、大都会のビルの中でデスクワークしてお給料を得る現代の頭脳労働者にとっても、対称性緊張性頸反射を使い切って統合しておくことが、捕食活動には必要な発達段階なのですね。

> 捕食活動をするには、首が座っていて、重力と適切なお付き合いができるようになっておく必要がある。

●人間を人間たらしめる動きをやりきる

その通りですね。首が座ってこそ、手首が使えるようになるし、脊髄（編注：中枢神経。脊椎の中にある）と垂直に発達するという人間脳の特徴ができてきますから。

対称性緊張性頸反射には適切な筋緊張を育てる役目もあるということですが、筋緊張は社会生活に大きく影響しますね。

そして脊髄（首も含む）と垂直に脳が発達するためには、姿勢って大事なんです。

よく発達障害の人は姿勢を保つことが難しいということが言われています。それは態度が悪いわけでもしつけがなっていないわけでもなく、姿勢を保つことが難しい身体なのだから叱ってはいけないし「周囲が理解しなくてはいけない」と言われるわけです。言葉で言ってもできない人たちに、言葉でがみがみ叱るのは意味がないし逆効果かもしれません。でもできることなら姿勢がいい方が、脳機能の面でもいいということですね。

そういうことですね。

姿勢を保つためにも筋緊張が保てることって大事なんですが、発達障害の人の身体をみると、緊張と弛緩がスムーズにいっていなくて、ずっと緊張しっぱなし、弛緩しっぱなしの身体の人が多いように思います。その結果として、人間を人間たらしめる立位の動きがやりきれていない。

発達障害の人たちの筋緊張が高すぎたり低すぎたりということはよく言われます。どちらにしろ、力の出し入れが苦手なわけですね。その結果椅子に座ったり、立ったり、歩いたり、手先を使ったりするのは難しくなるのですね。

力の出し入れが苦手な身体はやはり、生存上不利なのでしょうか？

思ったように身体を動かせていないということですから。

思ったように身体を動かせていない、ということは、「思考を身体で現実化できない」ということですね。もっとわかりやすくいうと、やりたいことができない。やりたいことができない身体の人たち。

まさにそうなのです。筋緊張をコントロールできるということが、思考を実現できる身体の条件です。

なるほど。身体が思考を実行してくれないと、不便ですよね。

> やりたいことができる身体＝筋緊張をコントロールできる身体。

●思考を現実化できる身体を育てる

実は「やりたいことができる身体」は身体を育てるうえでとても大事な目標なので

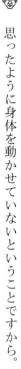

すが、あまり皆さんがそれをわかっていないのでは、と思うことがあります。障害のあるお子さんだけではなく、親御さん、いや支援者も実は自分で望むほど「思ったように動く」ことができていないせいかもしれません。

自分の思ったように動けて初めて、身体を通して目的を遂行できるんですものね。思考を身体で現実化する、つまり「自分の目的に沿って身体を動かす」が身体育ての目標だからこそ、

・脊椎動物としての発達段階のどこにいるか
・胎児から成人に至るヒトとしての発達段階のどこにいるか

を見極めてそこに立ち戻ってアプローチしていくことが大事なわけですね。

そうなのです。それが身体育ての目的なのです。「生活の中で必要な動きができること」が目的なのです。

なるほど。それは改めてわかっておいた方がいいですね。

●身体育て＝スポーツ ではない

広く誤解されていると思うのですが、「身体育て＝スポーツ」ではないんですよ。

なるほど。それはたしかに広く行き渡っている誤解かもしれません。「動き」というものは生活全般にかかわるもので、スポーツはあくまでそのひとつということですね。

そうなんです。生活の中の選択肢のひとつとしてスポーツがあるのはいいんです。スポーツの楽しみが生活の中にあるのはいいことです。スポーツが好きな子も「中には」いますから。

けれどもその前にまず、身体育ての中で進化の過程、発育発達の動きを全うさせてあげなければいけないと思います。

それこそが発達保障ですね。

そうです。そうやって進化の過程、発育発達をたどっていって初めて子どもは「何をするか」選べるようになるはずです。

身体を使って何をするかを選べるということですね。自分で自分の身体をどう使うかを選べる。

そうです。スポーツしたい子はするでしょうし、絵を描きたい子は絵を描くでしょう。

そうやって思考を現実化する身体が土台となって資質が開花するのですね。社会の中で、自分が何をするか選択肢を増やしてあげる身体育て。

思考、分析、認知、手先の器用さ、という人間らしさの土台には

・脊椎動物である。
・直立し二足歩行する。
・手を自由に動かせる。

という人間ならではの身体があるのですね。

逆に言うと、自分の身体の力の出し入れさえコントロールできない、つまり自分で筋緊張を選べないような身体で「やりたいことを選ぶ」のはあまりに難しいことかもしれません。

生活の中でやりたいことを選べて実行できる身体になることこそ身体育ての目的。
スポーツがうまくなることではない。

●座位での動きをやりきる

まとめてみましょう。

・選べる身体＝主体性を発揮し発達し資質が開花する身体を育てるために、進化の過程をたどる動きをしてみる。
・進化の過程をたどるためには二足歩行に至る人類以前の動き＝「座位での運動」が大事。

栗本さんはそう提唱されているわけですね。いつごろからその発想を得ましたか？

私は体育大学卒業後、「体操の指導員」として、様々な施設を回って障害のあるお子さんの指導をしてきました。発達障害、重複障害のお子さんたちをみるうちに、そもそも座っていられない子の存在に気づきました。

 座っていられない、とは？

 手で支えないと座っていられない人たちです。背骨を立てられない。あぐらもかけない。ひっくり返る。それを見て、座ることの重要性を知りました。

そこで床での指導をしてみました。たとえばこのように地べたに腹ばいになると、着地面積が広いから安定します。

そしてやがて座れるようになると、手が動かせるでしょう。人間はこうやって背骨で身体を支えることによって手が自由になり、道具が使えるようになり、脳が発達したのですね。

ところが今は床の生活が減って、いきなり椅子を使う施設や学校も多いですよね。そうなると、全然運動ができなくなるし集中しなくなるんです。

 なるほど、椅子に座っていられるだけの身体ができていない子が多くの場面で無理やり椅子に座らされているという現状に気づいたのですね。

 そうなのです。だから、低い姿勢、床での動きを採り入れようと思ったのです。おそらく床での動きの方が、固有受容感覚（編注：筋肉や関節の動きを脳に伝える感覚）がはっきり入るのでしょうね。床に座った方がずっと集中できるんです。

　発達の途上で、はいはいを抜かす人も多いでしょう。はいはいも必要な段階で、はいはいをやりきってこそ背骨を縦に保てるようになるので、はいはいを抜かすということは発育発達の動きが不足していたということです。そしてそのヌケは、後からでも埋められます。ヌケを埋めるためにも、椅子に座っていられない子にこそ、床に接したコンディショニングから始めた方がいいのです。

　そうやって脊椎動物としてのその子、そして「二足歩行する人間」としてのその子がどの発達段階にいるかを正確に見極めて指導し一年も経ってみると、話に集中できるようになっています。そうすると職員や教師など、支援者側がびっくりするんですよ。言葉のやりとりはできない場合でも、お互い向き合う姿勢ができて、それまで想像していなかったほどコミュニケーションがとりやすくなりますから。

「どの段階にいるか見極めてやり直す」ことが、コミュニケーション力を含めた育ちに大きく貢献するのですね。

そうです。

まとめ

［第一の目標］

「やりたいことができる身体」を育てるため「動きの発達段階」を見極める。

・年齢にとらわれずその人の動きの
▼脊椎動物としての発達段階　▼人間としての発達段階
を見極め、「無理なくできる動き」まで立ち戻る。

進化と発達の過程をたどる身体育て　【第二の目標】

進化や発達の動きをたどることで、しっかりと使い切れる身体、充分に弛められる身体を育てる。これが「やりたいことができる身体」につながっていく。

私が発達障害とかかわり始めた当初より身体アプローチに力を入れたのは「週五日働ける身体を作ってもらいたい。そうすれば可能性が広がるだろう」と思ったからです。最初はすでに療育の世界にあった身体アプローチだった「感覚統合」についてお勉強し、本のかたちにして読者の皆様に伝えました。それ以降、障害児スポーツや原始反射の統合など様々な手法を実践する人たちに出会いましたが、感覚統合以外でも身体アプローチに取り組んでいる皆さんはだいたい「鍛える」方向なんですよね。そして私自身、それに疑問を持たずにきました。

でも「鍛える」方向だと、子どもたちはやりたくない、親はやらせたい、という相克が起きるわけです。親御さんは一生懸命身体アプローチについて勉強して子どもにやってもらいたいと思う。でも子どもが乗ってくれない。そこで親御さんが焦るんですよ。

ところが栗本さんのやり方は「弛める」方向でしょう。苦しくないから、子どもたちは嫌がらないですよね。だからいいと思ったんです。今のご説明でそれは、「障害児向けの体操の指導員」という経験を二十年重ねる中で、「その子が脊椎動物の動きの発達、胎児から成人に至るまでのヒトとしての動きの発達の中でどこにいるか」を見極めて無理のない動きを指導に採り入れるからだということがわかりました。

なのに今度は「使い切る」方向だと言われると、また鍛える方向にいっちゃうのかな、とやや心配になるんですがそうじゃないんですよね？

自閉症のお子さんでずっとぴょんぴょん跳んでいる方たちは結構いますよね。ああいう方たちは、かなり体力を使っているように見えませんか？

たしかに。

でも夜眠れないですよね。

たしかに。

つまり、ああした動きではいくら激しく動いているように見えても実のところ「身体を使い切れていない」んです。これまでの著作で提言してきたとおり「きちんと疲れる」

と「眠れる」んです。実際にぴょんぴょん跳んでいても眠れないお子さんが、はいはいをやってもらうと眠れるようになるんです。

そうなんですか！　それはすごい。進化と発達の過程に沿った動きだと「使い切る」ことができるんですね。それに対し、なんでぴょんぴょん跳んだりはねたりする自閉症らしい強迫的とも思える反復運動では「きちんと疲れる」ことができないのですか？

『自閉っ子の心身をラクにしよう！』に書いたとおり、関節の未発達等が理由で「跳ばざるを得ない偏りがある」状態だと「否応なく跳んでいる」ので、どれだけ運動量があるように見えても、あくまで偏った動きなんです。「全身きちんと疲れる→安眠」という好循環をもたらす動きではないんです。

これは若干話がずれるかもしれませんが、「身体育て＝スポーツではない」と理解しておくことの意義もここにあります。

立位の動きは偏りやすいんです。だから、身体育てをスポーツととらえ、立位の動きだけをしていると、かえって偏りを固定してしまうことにつながるのではないかと危惧することもあります。

あああ、わかります。

そのまま偏りを放置しておくと、ますます偏りが固定されます。そしてその偏りは弛めることで戻るのです。偏りづらい方向に向けるのではなく、きちんと使い切ることで弛んで、偏りは戻るのです。

使い切って弛める……。やはりイメージがつかみにくいかもしれません。

だったらこれはどうでしょう。こぶしを握ってみてください。
握りきると自然に開きたくなるでしょう？

たしかに。

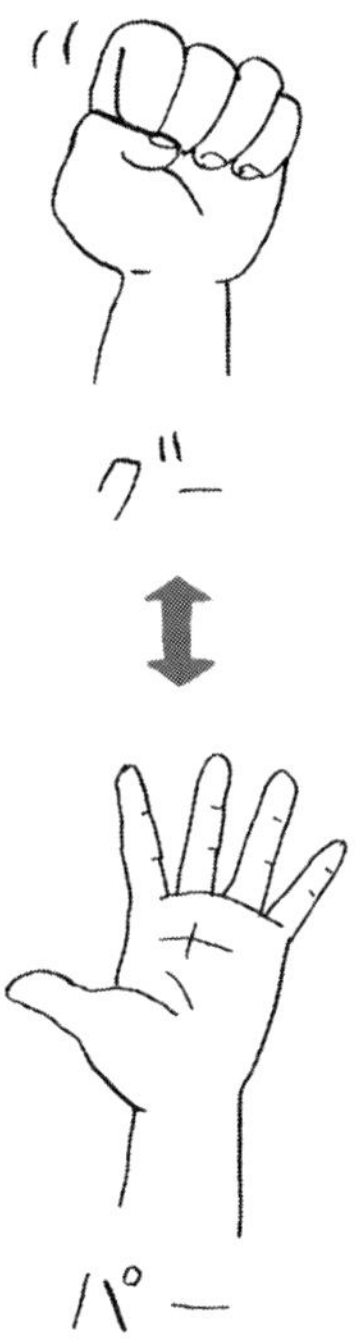

コンディショニングは緊張と弛緩の働きをスムーズにすることを目的としています。
そしてこの本のテーマである「進化と発達の過程をたどる」コンディショニングは、弛めることではなく引き締めること（身体を使い切る）で逆に弛みやすくするという方法を

採ります。

進化や発達の動きを行うことでしっかりと身体を使い切って、充分に身体を弛める働きを育てることを促します。

先ほども言ったように、難しいスポーツと違って、発達過程の動きはほとんどの子ができない子がいないんです。みんなやってきているから。

つまり、実はその人の発達段階に合っていない動きを「命じて」「やらせていても」それは「身体を使い切っていない」。発達段階を飛び越した動きをしていても、かたちだけ真似ているだけで、使い切っていないのですね。それに対し、発達段階にふさわしい動きをやりきらせてあげる。こぶしを握ってぐーを作るように、思い切りやりきれる動きにさかのぼらせてあげて徹底的に使い切らせてあげることを提言しているんですね。

スポーツと違って、胎児から二足歩行に至るまでの発達の動きは、生まれてから今までの中でだいたい誰でもやっているんです。その名残でやる動きだと、気張らなくても誰でもできるんです。そして発達をさかのぼった動き、その人の発達段階に応じた動きだと、身体を使い切ることができるんです。実際に指導でそういうさかのぼった動きをやってみると、やりきった感が出てきて、それが安眠につながっていたりするのです。

誰でもたどってきた動き。だからやる気になるし、その人にふさわしい発達段階までさかのぼれば身体を使い切ることができる動き。でも発達障害の子たちはその月齢・年齢できちんとやれていなかったということですか？　だから二足歩行などの人間らしい動きがそれほど自然にはできないということですか？

そう。ヌケがある場合もありますね。先ほどの表で示した通り、二足歩行に至る前に必要な段階を抜かして無理やり歩いているような状態にある人が多いのです。

なるほど。動きの発達の途中を抜かしたり不十分なまま次の段階に駆り出されてしまった。だから使い切っていない。だから弛まない。それを「その人が使い切れるところまでたどる」ことで使い切る。そして使い切ることで弛めることのできる身体を育てるのですね。

　では筋緊張が低い場合はどうですか？　筋緊張が低い人には筋トレを勧める人も多いのですが、いつも「本当に効果あるのかなあ」と疑問なのです。

筋緊張が低い人もやはり身体を使い切っていないのです。たとえば仰向けで股関節を広げていくと強張るところがあったりします。どこか強張っていると全体に力が入らずに、筋緊張が低くなっている場合があります。私なら筋トレよりはその人にとって緊張が集まる場所を見つけ、緊張が集まった状態を作ります。しばらく緊張が続く状態にしておくと緊張が弛んでいきます。そうやって、グーパーするように、力を入れる、弛む、という風にメリハリがつけられる身体を育てるのです。

まとめ

［第二の目標］

進化や発達の動きをたどることで、しっかりと使い切れる身体、充分に弛められる身体を育てる。これが「やりたいことができる身体」につながっていく。

・脊椎動物として　二足歩行に至る人間としての発達段階のどこにいるかを見極めず無理な運動をさせても、「身体を使い切る」ことにはならない。

・身体を使い切らないとメリハリのある動きが出てこない。↓「やりたいことができる身体」にならない。

・またきちんと使い切らないと「きちんと疲れる」ことができない。

・きちんと疲れられないと休めないし弛まない。

・「やりたいことができる身体」「きちんと疲れる」身体を育てるために進化・発達の段階をたどり直す。

進化と発達の過程をたどる身体育て【第三の目標】

中枢神経を育て、意識運動（大脳皮質の働き）と無意識運動（原始反射等）の連携を促す。

さて、中枢神経を育て、意識運動と無意識運動の連携を促すとはどういうことでしょう。

まずは『人間脳を育てる』で灰谷孝さんが明らかにしてくれた発達のピラミッド（次頁）を見てみましょう。

呼吸・感覚・動き（姿勢）の上に言語や学習・コミュニケーションという「人間ならではの能力」が育つということは私も実感していますし発達障害と呼ばれる人たちにかかわ

る人たちの多くが同意するところだろうと思います。そして灰谷さんは

・動きが四段階（脊椎・相同・同側・対側）で発達していくこと。
・そのためには原始反射（編注：胎児や乳幼児が発達に必要としていた反射）が残存していると難しいこと。
・原始反射を使い切って統合されていてこそ動きの発達が促されること。
・それを土台に認知や情緒や学習能力が発達していくこと。

を発見し理論化されました。それは多くの人々の役に立っていますね。そのあたりは『人

発達のピラミッド

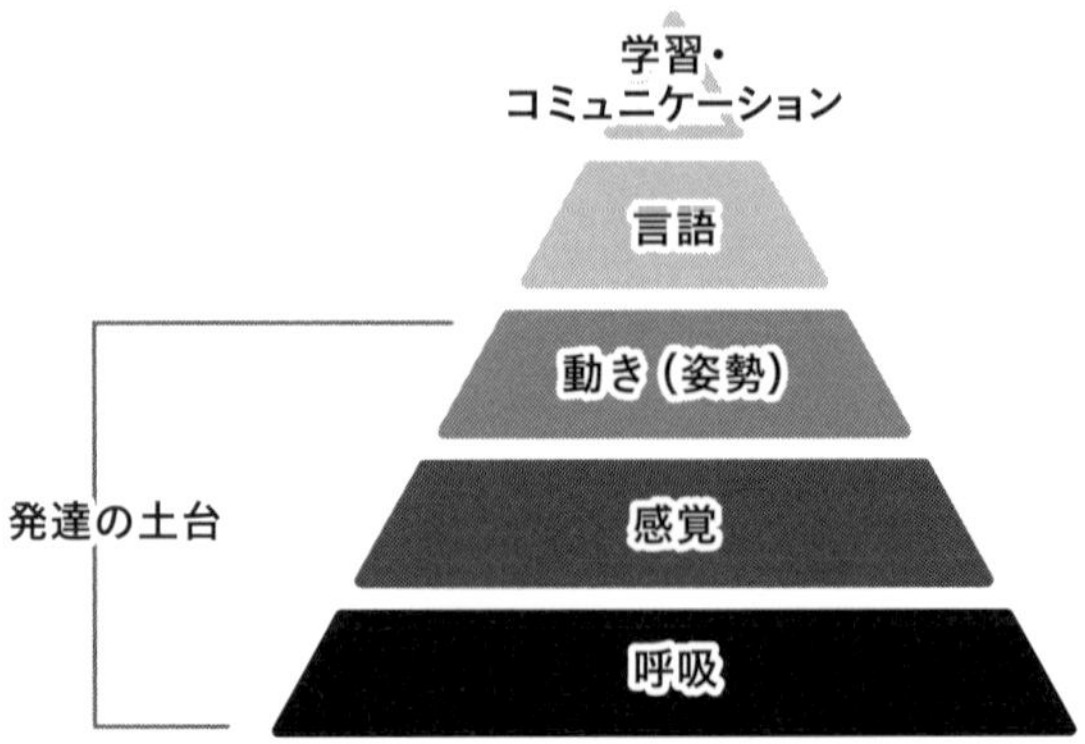

＊『人間脳を育てる』灰谷孝＝著より

間脳を育てる』を読んでいただければいいと思います。

そして私がこの本で提案したいのはまさに「人間脳以前」の発達なのです。原始反射は、二足歩行に至る前に統合されていないと様々な生きづらさをもたらすと思います。そして動きの四発達は、立位が取れるようになってからの発達であるように感じています。

なるほど。そういえば『人間脳を育てる』の中では「遊び」を推奨していますが、少なくとも私は、二足歩行してからの遊びを中心に考えていました。

それはそれでとても大事な提言なのですが、二足歩行の前、赤ちゃんはどう動いているかというと、無意識に動いています。

何か見たり、手足を動かしてじっと目で追ったり。

はい。そして段々と意図をもって動くようになります。物があるとそこにはいはいして近づいて行ったり。そうやって意識的な動きと無意識的な動きが連携していくんですね。そして原始反射も含めて発育発達の動きを抜かしていたら動きと大脳皮質との連携は悪くなります。

「思考を現実化する」ことが難しくなるわけですね。

無意識の動きや自発的な動きが不十分だと動きと大脳皮質の連携はうまくいかなくなる。

● 意識と無意識の連携

意識的な動きと無意識的な動きがどう連携しているかについて、もう少しわかりやすく説明していただけますか。

たとえば浅見さん、両手を上にあげてください。

はい。

腕を上げるって意識的な動きだと思いますか？　無意識的な動きだと思いますか？

栗本さんに言われて上げたので意識的な動きでは？

でも一口に「腕を上げる」と言っても画伯と浅見さんでは微妙に上げ方とか角度とかが違うでしょう。

たしかに。

個人差があるんです。まちまちなんです。なぜなら、「腕を上げる」という意識的な動きの中に発達過程で無数に繰り返し行ってきた無意識の動きが土台となっているからです。

そうか。一口に「腕を上げて」って言われても、

・腕がどこかわかっていないと上げられない。
・どっちが上でどっちが下かもわかっていなくちゃいけない。

そして今は訓練の時間ではないのだから、

・どこかの筋肉に負荷をかけることは目的ではない。
・バレリーナのように「美しく見える上げ方」を命じられているわけでもない。

とすると無意識のうちに自分にとってそれほど無理のかからない上げ方を選ぶと思います。そうすると、各自持っている身体が違うから、微妙に上げ方が違ってきますね。「腕を上げて」という一言への反応の中にもこれだけ無意識の動きを学習した結果が入り込んでいるわけですね。

　意識運動（大脳皮質の働き）と無意識運動（原始反射等）の連携を促す。

ってそういうことなんですね。

そうなのです。意識的な動きの中には、数多く無意識の動きが入っているのです。

つまり、赤ちゃんの無意識の動きとかは、やがて意識的に身体を動かす必要が出てきたときのためのお稽古なんですね。

そういうことなんです。

> 意識的な動きの中にたくさんの無意識的な動きが入っている。

●無意識が働いているかどうかのアセスメント

先ほど片足立ちの話が出ましたが、片足立ちの検査はよく開眼と閉眼で行うと思います。

そうですね。

閉眼の片足立ちは、固有受容感覚等がさらにしっかりしていないとできません。つまり、閉眼で片足立ちができるかどうかで、無意識な動きがどのくらい成長しているかどうかを確かめることができます。

そうだったのですね。あの検査にはそういう意味もあったのですね。

そもそも、発達障害の人は日常の暮らしの中で、無意識的な動きに困っているのではないでしょうか。

そうなのですよね。無意識の動きが自然にできないことで困っている人が多いのです。二足歩行もそう。定型発達と言われる人たちは「右・左」とか自分に号令かけなくても自然にできますものね。

そうです。そして汗がかけない人も多いようですが、汗をかくのも無意識の運動です。

あ、たしかにそうですね。

もちろん排泄も嚥下も無意識の動きです。それに、寝返り。寝返りできることも人間にとっては大事ですが、寝返りが自然にで

きない人、寝返りの仕方がちょっと違う人も多いでしょう。

たしかに。ニキ・リンコさんの嚥下にまつわる苦労は『続々　自閉っ子、こういう風にできてます！――自立のための環境づくり』に書いてあります。嚥下が上手にできないことで発熱が頻回になり、社会生活の妨げになるんですよね。これは私が思ってもみなかった不便さでした。

そして同じくニキさんから「寝返りはオートマではできない。起きてやる」と聞いたとき衝撃でしたし、作業療法士の岩永竜一郎先生は新生児の寝返りを見て「もしかして自閉症かな」と気づいたとおっしゃっていました。

寝返りは首が座っていないとできないし、腰をねじれないとできません。他の動物には見られないと思います。いわば、人間ならではの動きなのです。

だから数多くのお子さんの発達をみている臨床家は、寝返りひとつで障害に気づくのですね。そういえば、栗本さんが最初にあげた発達の表にも「寝返り」がありましたね。

寝返りもまた、二足歩行に至る発達に必要な動きなのです。寝返りができる身体になってこそ、二足歩行がうまくできるようになるのです。

『自閉っ子の心身をラクにしよう！』で、寝返りが疲れを取るのに大事だということとを習いましたが、発達にも必要なのですね。

> 寝返りが自然にできる身体が二足歩行につながる。

●大人は意識→無意識へと学習している

そういえばたとえばエアロビクスなんかのレッスンでは、最初インストラクターの言う通り、やる通りの動きを意識的な活動でいわば運動を企画しながら身につけていきます。右腕を上げて、左足を踏み出して、と言われると、右腕を上げて左足を踏み出すわけです。そして複数の動きをつなげていきます。ひとつの動きが自然にできるようになると、次の動きを学習する余地ができるという感じです。

意識的な動きが無意識に定着していくプロセスですね。

大人が何か運動なりスポーツなりを覚えるのってこの順番だと思います。

その順番だとまず大脳皮質が関与しています。

思考脳ですね。

はい。そして思考脳で意識的に覚えた動きがオートマティックにできるまで定着するには、大脳皮質下がすでにしっかり育っていなくてはなりません。スポーツの専門家が生理学に関心を持つのはそのプロセスを学ぶためです。

なるほど。

けれども発達段階の子どもたちはその反対のプロセスで意識的な運動ができるようになります。

つまり

大人が運動なりスポーツなりを覚えるときには

意識の動き→無意識への定着

だけれども

子どもが動きで発達していくときには
無意識の動き→意識との連携

なんですね。

そうです。

覚える順番が逆だし、大人が動きを覚えられるのは、幼少時知らず知らずのうちに無意識の動きを積んで、その積み重ねによって意識的に身体が動かせるようになっていたからなんですね。

人間の発達は最初に無意識の領域が育ち、やがてそれが意識に連携して、意図をもって思考の道具として身体を使い世の中を渡っていけるようになる。大人の生活では意識が無意識を凌駕しているように見える場面が多い。でもそれを支えているのはしっかり育っている無意識であり、発達はここが土台になっているんですね。でも大人は、実は無意識が育った上に今の自分があることを忘れてしまっているから、だから子どもに何かを教えたいとき意識に働きかけてしまう癖がついているのかもしれません。

だから、一般的に体育の授業などでは意識運動ばかり練習するでしょう。

そうそう。意識の動きを教えられ、覚えるのが運動すること、というのが一般的な考え方だと思います。でもその前に無意識的な動きがあったことを大人は忘れてしまっているのですね。

療育や特別支援教育の場面でもそうだと思います。だから大脳皮質に働きかけるようなアプローチばかり次々考案される。その結果「一生治らない」とされる。言葉で言っても一生治らないかもしれないけど、言葉以前のところへの働きかけなら治るかもしれないのに。

意識的な動きの前に、そこまでたどってきた発育発達の動きをやりきることが大事なんです。無意識の動きをやりきっていないと、意識の動きがぎこちなくなるのです。

そうなのですね。

そして先ほども言ったように、発達障害の人たちが困難を抱えているのはむしろ無意識の動きでしょう。排泄・発汗などに不具合があるのも、内臓の動きが未熟なことが原因で、それもまた無意識の動きです。

たしかに。

それに、動きがぎこちないといえば、顔の表情も出ないでしょう。

ああ、たしかに。表情が動かない、というのが「この人、発達障害かな？」と気づかされる要素のひとつですね。そして自分に表情がなければ、他人の表情を読むのは難しいと思います。

　考えてみれば、顔に表情が出るだけでコミュニケーションがスムーズに行きますよね。「コミュニケーション障害」の中には「表情が自然に出ない」ことが確実に含まれていると思います。そしておっしゃるとおり、顔の表情も嚥下や体温調節と同じく無意識の動きなのですね。

そうです。そして顔の表情が出ない人は肩甲骨が固まっていることが多いようですね。

表情が出ないことは奇異な印象を与えることになるから「顔に表情出しなさい」なんて命令されたとしても表情なんか出せないし、出せてもぎこちなくなってしまうだろうけど、肩甲骨を弛めることは今このときからでもできますよね。

> 発達障害の人は、意識の領域よりむしろ無意識の領域に困難を抱えている。
> そこを育てることはできる。

●皮質下から育てる

こうみると、発達障害にまつわる諸々の不便さが、

・無意識領域で処理することが処理しきれていない

ことに由来しているのですね。そして無意識領域に働きかけるのは、人間が言葉を獲得する前にやっていたこと、ひたすら無意識を育てていたところに立ち戻るのが有効なのですね。

ここに働きかける方法が身体へのアプローチなのですね。

それに対しこれまで「生まれつきだから治らない」とされていたのは、「コミュニケーション障害」等を「人間ならではの大脳皮質（だけ）の問題」ととらえ、そこにばかり働きかけていたからなのですね。

大脳皮質だけに働きかけるのではなく、『人間脳を育てる』にも書いてあるとおり、下から育てればいいんですよね。大脳辺縁系、脳幹（延髄・橋・中脳）、脊髄から。

脊髄から筋肉や関節に運動の指令が伝わります。感覚受容器からの情報は感覚神経に入り脊髄へ伝わります。脊髄がないと脳にも伝わらないのです。

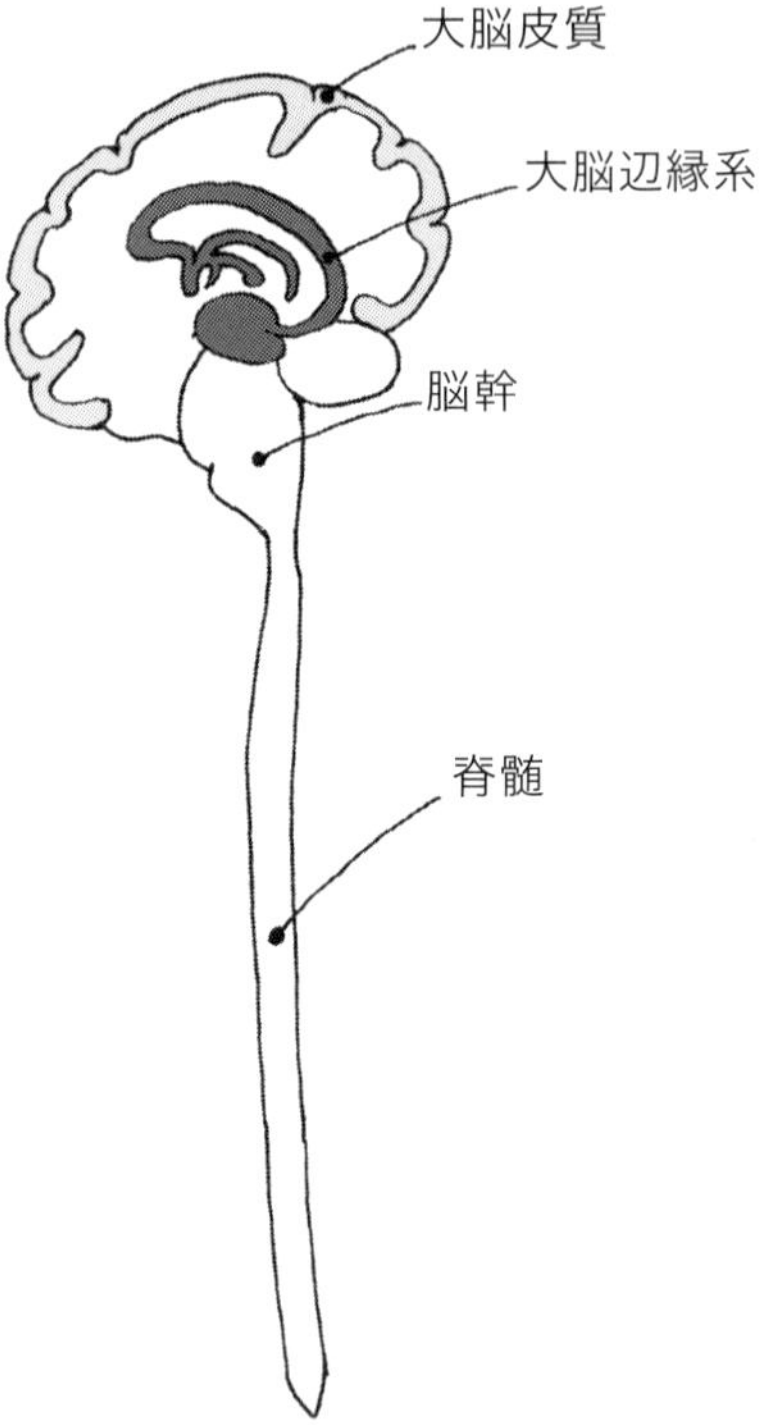

脊髄を損傷すると、損傷された部位より下へは、それより上の中枢からの運動指令や感覚受容器からの情報が伝わりにくくなったり、伝わらなくなります。そこに中枢神経があるからです。これがとても大事なことを教えてくれていると思います。

 「発達障害は中枢神経の障害」と言われているけれど、脊髄も中枢神経。そして脊髄は背骨の中に格納されている。

 そうです。

 だから頸部損傷で中枢神経がダメージを受けると不随になったりする。そしてその逆に、背骨が弛むと連携がよくなる。

だとしたらこれまで『自閉っ子の心身をラクにしよう!』『芋づる式に治そう!』『人間脳を育てる』『愛着障害は治りますか?――自分らしさの発達を促す』などで提言してきた「背中へのアプローチ」が発達障害の症状改善に効果があるのは当たり前に思えてきました。

 身体に関する基礎的な知識を持っていると、援助の手段がいろいろ思いつけるんです。なぜ無意識的な動きをやりきると意識的な動きとの連携がよくなるのかも、基礎的な生理学で説明がついていることなのですよ。

そうなのですか？　では説明をお願いいたします。

> 脊髄は背骨に格納されている。
> だとすると背中へのアプローチに効果を感じている人が多いのも不思議ではない。

●中枢神経の発達

胎児期に表れる呼吸や排泄などの自律運動や、原始反射も含む無意識的運動は、中枢神経系の発達と関係しています。

関係しているとは？

自律運動や原始反射が最初に神経系統を育てるということです。

原始反射も神経系統を育てているのですね。原始反射は成長の途上で現れ、成長の上で役割を果たし、やがて統合されていく反射だと習いましたが、中枢神経を育てる役目をも持っていたのですね。

原始反射だけでなく、無意識の動きは中枢神経系を育てていきます。中枢神経が育つ構造がＤＮＡによっていわば「運命づけられて」います（参考図書『脳とからだ』荒井良＝著）。脳の構造は人類なら、それほど違いがありません。そして、動き等の刺激を通して、その構造の中にある神経系が育っていきます。

なるほど。

中枢神経系の発達は脊髄から脳幹を含む上位中枢（皮質下核・連合野）へと進みます。成長するにつれ下位の中枢（脊髄等）は上位の中枢から抑制性制御をかけられます。

それが「意識が無意識を凌駕する」プロセスですね。最初に脊髄などの下位の中枢神経が育ち、やがて大脳皮質が育ち、大脳皮質の命令がいわば「ハバを効かせる」ようになる。

はい。出生直後はまだ、大脳皮質の神経細胞は樹状突起を欠き、シナプス数は少ない状態です。

神経細胞には受容体であるたくさんの樹状突起と信号を伝える一本の軸索がありますね。

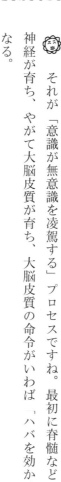

はい。けれどもそれがまだ完成していないので、出生直後はまだ大脳皮質からの信号が弱く、遅くしか伝わらない構造になっています。そのため皮質から直接影響を受けない運動行動が現れます。生後十二週から十四週までの乳幼児期の運動動は脳幹、脊髄の反射によるものが多いとされています。

大脳皮質がらみの意識運動ではなく無意識運動が先に現れるというわけですね。そしてその無意識運動が、中枢神経を育てているのですね。

赤ちゃんが手足をばたばた動かしていたり、何かをじっと見つめていたり、きっとあれは自分の身体、自分の周りの世界を確かめているんだろうなあという気がしているのですが、そういう段階だったのですね。

はい、その段階ですね。そして生後三か月を過ぎると運動に使う神経細胞は次第に大脳皮質の制御を直接受け

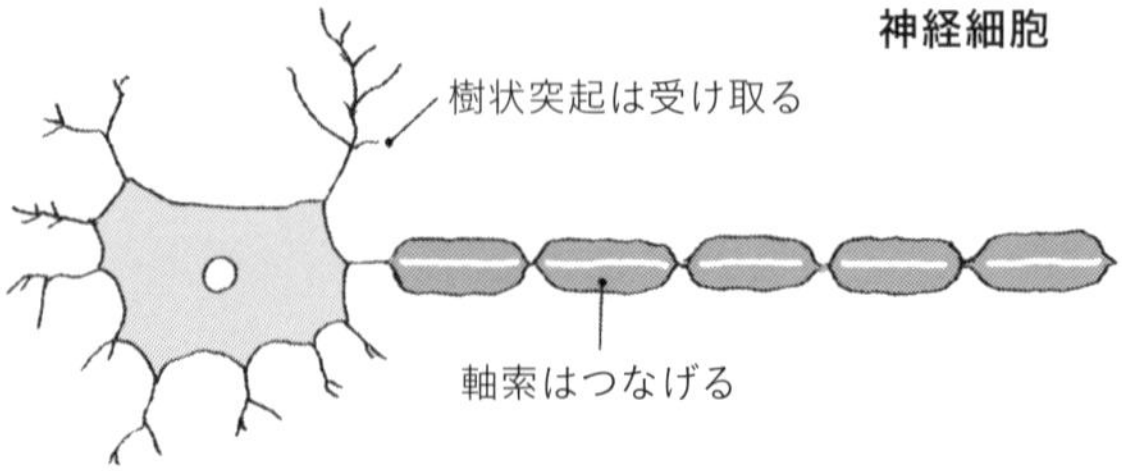

るようになります。生後三か月以後、中枢神経系の成熟に伴って運動行動は変化していきます。脳幹の網様体路（編注：網様体とは特殊な構造をした神経線維と神経細胞の集団）から脊髄へのコントロールが加わり脊髄反射は変容します。

どのように変容しますか？

ここで言う脊髄反射の変容とは骨格筋をコントロールする伸張反射が変容していくことです。伸張反射とは筋肉が伸ばされると筋肉の中にある筋紡錘の働きによって適切な緊張を保つようにする反射です。姿勢のコントロール（固有受容感覚）と深く関係しています。

つまり、立位への準備が行われているのですね。

そういうことですね。

さらに皮質の網様体路の形成につれ、網様体は皮質の影響を受けるようになります。そして大脳皮質から脊髄へ向かう種々の下行路の成熟により種々の随意運動が可能になっていきます。

それがつまり

・最初は無意識が意識を凌駕していたがやがて意識が無意識を凌駕していく

という過程なんですね。人間とはそのように無意識→意識と発達し、意識の領域が大きくなった生物である、ということですね。

> 人間は無意識 ↓ 意識と発達していって意識の領域が大きくなった生き物である。

●なぜ動きが中枢神経を育てるのか

赤ちゃんから成人につながる発達の中で、そういう意識と無意識の逆転が起こるのは実感として理解できます。そしておそらく、発達障害と呼ばれる人たちが、無意識の領域の育ちにヌケを持っていることも推測できます。その人たちが何を困っているかを見れば、言葉で言っても治らない領域、意識的に働きかけても治らない領域だからです。

そして栗本さんは「無意識の動きをやりきることが大事」だとおっしゃる。無意識の動きをやりきることで「思考を現実化する」身体ができると提唱されている。ならばなぜ無意識の動きをやりきることが大事なのか、もう一段説明していただけないでしょうか。

無意識的な運動に関係している原始反射等の動きを通して、中枢神経系の髄鞘化《ずいしょうか》が起きてきます。

髄鞘化とは、神経細胞の軸索を包む円筒状の層（髄鞘、ミエリン鞘）が形成されることです。

髄鞘は絶縁体の役割を担っており、髄鞘化が進むことによって、軸索に流れる電気信号（神経パルス）がより速く伝達されるようになります。

神経細胞の軸索、すなわち信号を伝える管に絶縁体がかぶさることにより、信号が外に漏れずに速やかに伝導されていくということですね。

はい。そして無意識的な運動をやりきれていないと中枢神経系の発達が遅れることにつながり、大脳皮質との連携がスムーズにいかず、意識的な運動にも影響が出る可能性があると思われます。

それが「思考を現実化できない」ということ。そして「言葉で言ってもわからない」

ということにつながるのですね。意識と無意識の連携につまずきが起きているのですね。

無意識的な動きが中枢神経の伝導力を育てる。

●「発達障害＝中枢神経の障害」とはどういう意味か

発達障害は中枢神経の障害だということは広く共有されている知識だと思います。そして中枢神経を育てるのは刺激である。そして育ちの途上、言葉もなかった段階の刺激となると大部分は自律運動や原始反射等の「動き」だというのは明らかに事実だと思います。

そしてそれが栗本さんによると「基礎的な生理学の知識」だということですね。

だったら身体アプローチが発達に良いのは当たり前ですよね。

なのになぜこれまで、少なくとも保護者や現場の支援者というじかに発達障害の人たちと接する立場の人たちに、「中枢神経は動きで育つ」という基礎的な知識が降りてこなかったのか不思議なんですが、そのあたりはどのようにお考えですか。

療育の世界では、発達障害の人には定型に発達している人に関しての生理学的知識をあてはめない印象があります。

あたかも別の生物であるかのようにみなす傾向がありますね。

そうです。そして矯正するという視点が強く、育てるという視点があまりない印象を受けます。

たしかに。

それに対し私たち「身体アプローチ＝言葉以前のアプローチ」を追求してきた者たちは「発達障害＝発達のヌケ」と考えているから「育てればいい」と思いますよね。そうなると「普通のヒトの生理学的知識」を学びたくなります。「ヌケ」なら育てればいいだけだから。

そして普通のヒトの中枢神経を発達させるものが動きなどの刺激である以上、動きで発達していくのは自明の理なわけですね。

●そもそも中枢神経とはどこにあるか

そもそも、なんとなく字面で「発達障害は中枢神経の障害」と言われても、じゃあ中枢神経がどこにあるか、の説明は保護者や当事者も求めなかったし専門家も言わなかった気がします。もしかすると、「中枢神経がどこにあるか?」を意識せずにただ決まり文句のように「発達障害は中枢神経の障害」と唱えてきたかもしれません。私もその点は似たようなものでした。言葉としては「脳の障害」と言ってきました。

でも今回、改めてこうやって図にしてみると、中枢神経は背中までつながっていますね。

そうです。

つまり、脳みその根っこですね。脳みその根っこが脊髄で、背骨の中に格納されている。そして反射というのは、脳を介さずにもっと手前、脊髄で行われる。そしてその脳を介さない反射も動きのひとつとして、中枢神経を育てる。

中枢神経は脳だけではなく脊髄も含んでいて、脊髄は脳の根っこにあるんだけど、その当たり前の事実をあえて指摘した人はあまりいなかったような気がします。

先般改訂されたＤＳＭ―５（米国精神障害の診断と統計マニュアル第五版）でも発達障害は「神経発達障害」大項目の中にくくられることになりました。それは「実行機能の障害だといってもどうやら大脳皮質だけの問題じゃなさそうだぞ」って気づいた人が多くなったからなんだと思うんですが、日本でＤＳＭの改変をそういう風に解釈している専門家ってどれくらいいらっしゃるんでしょうかね。感覚過敏が診断基準に入ったことを画期的だと思っている専門家はいそうですが、「神経発達障害」なら感覚に偏りが出るのは当たり前ですよね。神経は全身に張り巡らされているんだから。

　これまでなんとなく、自閉症の人って背中をみると自閉症ってわかるなあと思っていたのですが、そのカンは当たっていたんですね。

そうかもしれません。

そして金魚体操とか、そういうアプローチで状態がよくなっていく人がいたのも当たり前ですね。

背骨は大切です。背骨を介さないと背骨から上の脳や背骨から下への器官への伝達や指令がうまく働かないと思います。

背骨は中枢神経の格納庫なんだから、そこがきちんと使えているかどうかは大切。

中枢神経の障害がある人は背中が固まっていることも多い。だったらほぐしてあげれば芋づる式に身体から情緒・学習までいい影響が及ぶ。

そんなシンプルな事実に、なんで気づかなかったんだろう。やっぱり発達障害の人を「特別な生き物」と思ってきてしまったのが誤りだったということかもしれませんね。同じ脊椎動物、同じ人間なのに、そういう風には見てこなかった。

基礎的な知識を持った方は多いと思うのですが。

でもいわゆる発達障害の専門家はいくら知識があっても、発達障害者を特殊な生き物と思って基礎的な知識と結びつけてこなかったのかもしれません。脊椎動物に関する解剖学的な知識なんて、発達障害が関係ないと思ってきたんでしょうね。でも大いに関係あるみたいな感じですね。

発達障害者もヒトであり脊椎動物である。基礎的な生理学的知識が発達援助の発想をもたらす。

●言葉以前のアプローチ

私は最初「週五日働ける身体になってもらいたい」と思って身体アプローチに乗り出しました。そして、感覚統合に出会い、発達障害の人たちが抱えている不具合に五感＋二覚（前庭覚、固有受容感覚）があるのを知り、その違いは世界観に確実に影響しているはずだと確信を深めました。

けれども身体アプローチを広めるのにも様々な抵抗勢力がありました。その抵抗勢力を三つに分けてみますね。

①支援者たち

→「パッケージ化された理論」を好み、アナログな手法を広げることに興味を持たない。意識に働きかける療育しかやりたがらない。その理由のひとつは、ライセンスビジネス化しやすく構築された理論の方が教える側にも学習する側にも使い勝手がいいこと。

「発達障害はどうせ治せない」と支援者が開き直ると、目の前の人の状態を変えることより支援者自身の自己実現が支援の目的化するため、この傾向に拍車がかかる。

②保護者たち
↓自分たちのせいだと少しでも思わせられる言論には激しく抵抗する保護者が一部にいて「一生治らない」「介入しても効果はない」と声高に叫ぶ。

親の力量によって差が出そうな療育には抵抗感が強い。そしてその顔色をうかがう支援側が「親の介入の仕方によって差が出る」という言論を控えるようになる。親の介入が予後を左右するのは当たり前なのだが、当たり前のことを言わないことこそ親支援、という誤った認識が広がっていく。

③本人たち
↓鍛える？　しんどい。

けれどもこの抵抗勢力には入らない人たち、「治ってほしいよね」「治りたいよね」という人も相当数いたわけです。その人たちが花風社の本を読んでくれました。実践してくれました。そして「治った!」「ありがとうございます!」と報告してくださるレポートが積み重なって結果的に検証のようなものとなり、実践する人の輪がじわじわと広がり、そして今「言葉以前のアプローチ」という概念にたどりついたわけです。

発達障害は一生治らないのでしょう、言葉では。言っても治せないことばかり、つまり無意識の領域の不具合が多いですからね。でも無意識の領域の不具合だからこそ、「言葉以前のアプローチ」なら治るかもしれません。

それがわかったのは、発達障害の世界のど真ん中で「大脳皮質だけに働きかける療育」を実践している人たちとは違った場所で、身体のお勉強と実践を積み重ねてきた栗本さんたちがいたからです。そして

・「中枢神経は脳だけじゃなく背中にもある」
・「動きが中枢神経を育てる」
・「無意識の動きがまず育つ」
・「その先に意識的な動きがつながっている」

ということが基礎的な生理学の知識であるとしたら、身体アプローチが発達障害に効果があるのは当然のことと思います。そしてそのためには必ずしも、心拍数を上げて筋肉に負荷をかけてきつい運動をしなくてもいい。感覚統合から始まった発達障害への身体アプローチですが、このやり方だと取り組む気になる人がぐっと増えると思います。

これは余談ですが、あくまで私が勉強した範囲に限ったことかもしれませんが、感覚統合の理論は、各感覚器官から大脳への働き（入力）や大脳から運動へのつながり（出力）について捉えた理論だと思います。

けれども各感覚器官からどのような経路（脊髄・脳幹等）で大脳皮質に伝わっているか、大脳皮質からどういう経路で脊髄に伝わり筋肉や関節が動くのか、という視点がないように思います。そしてこのあたりは「進化の過程」と「赤ちゃんの発達の動き」が「神経系の発達」につながっていることを説明した方がすっきりわかると思います。

それと皮膚や筋肉・関節等の状態（硬い・柔らかい等）によって中枢神経系への伝わり方がどうなっているのかも私は重要だと思っています。

筋肉や関節の状態が無関係なわけがないと思います。要するに、身体のあちこちに強張りがあり無意識的な運動ができていないと、筋緊張が高すぎたり低すぎたりするし、中枢神経が育ちにくいということですよね。

そうです。

このあたりが理解ができていると、「検査結果をよくすること」や「スポーツが上手になること」が目標ではないことがわかると思うのです。現実的な身体育ての目標は、実際の生活の中で、学習や仕事などのために使える身体を育てることです。

現実的な身体育ての目標は、実際の生活の中で、学習や仕事などのために使える身体を育てること。

不思議なことに学問としての感覚統合には、筋肉や関節や内臓の働きという視点はないようです。身体アプローチなのに不思議だな、とずっと思ってきました。けれども実際に実践をしている先生たちはたとえ感覚統合の方たちであれ、生身の人間を支援しているわけなので、学問は学問として、実際には筋肉や関節の状態も視野に入れて支援にあたっていらっしゃるかもしれません。

私は自閉症が脳の障害というのなら、脳が司っている身体に影響がないわけがないと思って身体アプローチを追求してきました。そして栗本さんに出会って初めて、「脳に発達の遅れがあるのなら関節や内臓に遅れ・未発達があってもおかしくない」という視点を教えていただき、そこを育てることによって、睡眠障害がなくなったり、季節の変動に翻弄されなくなったりした人たちが出てきたのを目撃してきました。そして今回は「無意識的な動きをやりきって意識的な動きができるようになる」「動きが中枢神経を育てる」という二つの視点を教えてもらったわけです。そして、中枢神経が背中につながっていることに改めて気づき、だからこそ背骨へのアプローチに効果があったのだとよりいっそう理解できたわけです。

どのような分野の支援者であれ、というか、親御さんや自分の特性に困っていらっしゃるご本人たち、すべての方に自分の無意識の領域を育てる方法があると知っていただきたいと思います。

まとめ

【第三の目標】

中枢神経を育て、意識運動（大脳皮質の働き）と無意識運動（原始反射等）の連携を促す。

・子どもの動きは無意識的な動きから意識的な動きへと育つ。
・「思考を現実化できる身体」（やりたいことができる身体）になるためには進化と発達の動き（無意識の動き）をやりきり、意識運動と無意識運動の連携をよくしておくことが大事。
・動き等の刺激が中枢神経を育てる。
・中枢神経は脳から背中につながっている。

集団指導に役立て、社会生活へとつなげる。

さて、進化と発達の過程をたどる身体育ての四番目の目標、「集団指導に役立て、社会生活につなげる」について説明してください。

栗本さんご自身は実のところ「個人指導も大事だけれど、集団指導も大事」だと思っていらっしゃるのですよね。発達障害のお子さんたちはどうしても運動が苦手なので、家庭教師的に運動を個人指導するという発想もありだと思うのですが。

私の仕事は集団指導から入りました。個人をじっくり見られないというもどかしさも正直感じたことがあります。けれども「集団生活をこなす」というのは社会でやっていく上でのひとつの条件ではないでしょうか。

たしかにそうですね。人間は人の間でしか生きていけませんから。というか、動物だって群れを作ります。なぜ群れをつくるかというと、生存のためです。過度な同調を強いられるのは快いものではありませんが、障害があったらあったで人の助けを受けていく

わけだし、障害者として生きていくにしても一般の人たちと伍して生きていくにしても、集団に入らなければいけない場面も多いでしょう。そもそも家族の中に生まれるわけだし。

人間は家族の中に生まれ、そこで過ごして次の社会が学校ですよね。学校に入ると最初は先生を慕っているけど、そのうち友だちと遊ぶほうが楽しくなってくるでしょう。

それが健全な発達ですね。

私が危惧しているのは、個人指導ばかりだと大人との関係だけが強くなっていくことです。そうすると過度に大人を頼るようになってしまう状況が生まれることも考えられます。そもそもスポーツは個別的な活動ではありません。むしろ集団の方が面白いでしょう。

たしかにそうですね。個人競技だって結局は集団のつながりの中で行いますし。

「この子たちは集団はだめだ」などと指導者があきらめずそういう場面を作ってあげるといつの間にか入って来る子もいるんです。もちろん中には集団が難しい子もいます。でもとにかく、その子なりに集団行動を身につかせてあげたいんですね。

その点難しいスポーツではなく進化と発達の過程をたどる運動だと「みんなでやろう」と思うとすぐにやれるんです。やってみようという空気を作れるんです。そしてお互いを意識し始めるんです。集団の中の個に目覚めるんです。それを見て、集団指導が大事だということに目覚めたんです。

●二者関係と三者関係

『愛着障害は治りますか?』の著者愛甲修子さんによると、人とのつながりを築く能力は二者関係→三者関係と発達していくそうです。最初はお母さんとの関係ですね。そして最終的には三者関係、世の中の人との関係を築いていけるのがまあ、人間脳の定義でしょうね。集団で生きられることは今も昔も捕食活動に直結していますし。

そして世の中の人をよく見てみると、二者関係を飛ばして三者関係が築くのも上手な人もいるし、二者関係にとどまっている人もいます。

支援者が「二者関係」しか作れないと個人指導を好むようになるでしょうね。家庭教師や塾のようなニーズもあるので、そういう場は個人指導もいいと思います。けれども健常児の学童保育の延長にあるような放課後等のデイサービスなどでは、集団への適応を促すような指導も必要ではないでしょうか。

まあ、行政から発達促進（含集団行動）を委託されているわけですからね

そして運動の不得意な発達障害の子に対しても、集団指導は可能なのです。難しいスポーツではなく、進化と発達の過程に沿った動きなら。一人をみる目と集団をみる目、支援者には両方の視点が必要だと思います。巻末に付録で集団指導の一例を載せておきますね。

まとめ

【第四の目標】
集団指導に役立て、社会生活につなげる。

・集団の中で生きることができるようになるまで発達してこそ社会の中で生きていける。
・そのための身体アプローチは可能。
・支援者はあきらめず、集団指導のための工夫を編み出すべきだしその手段はある。

第二部に進む前に……

開眼

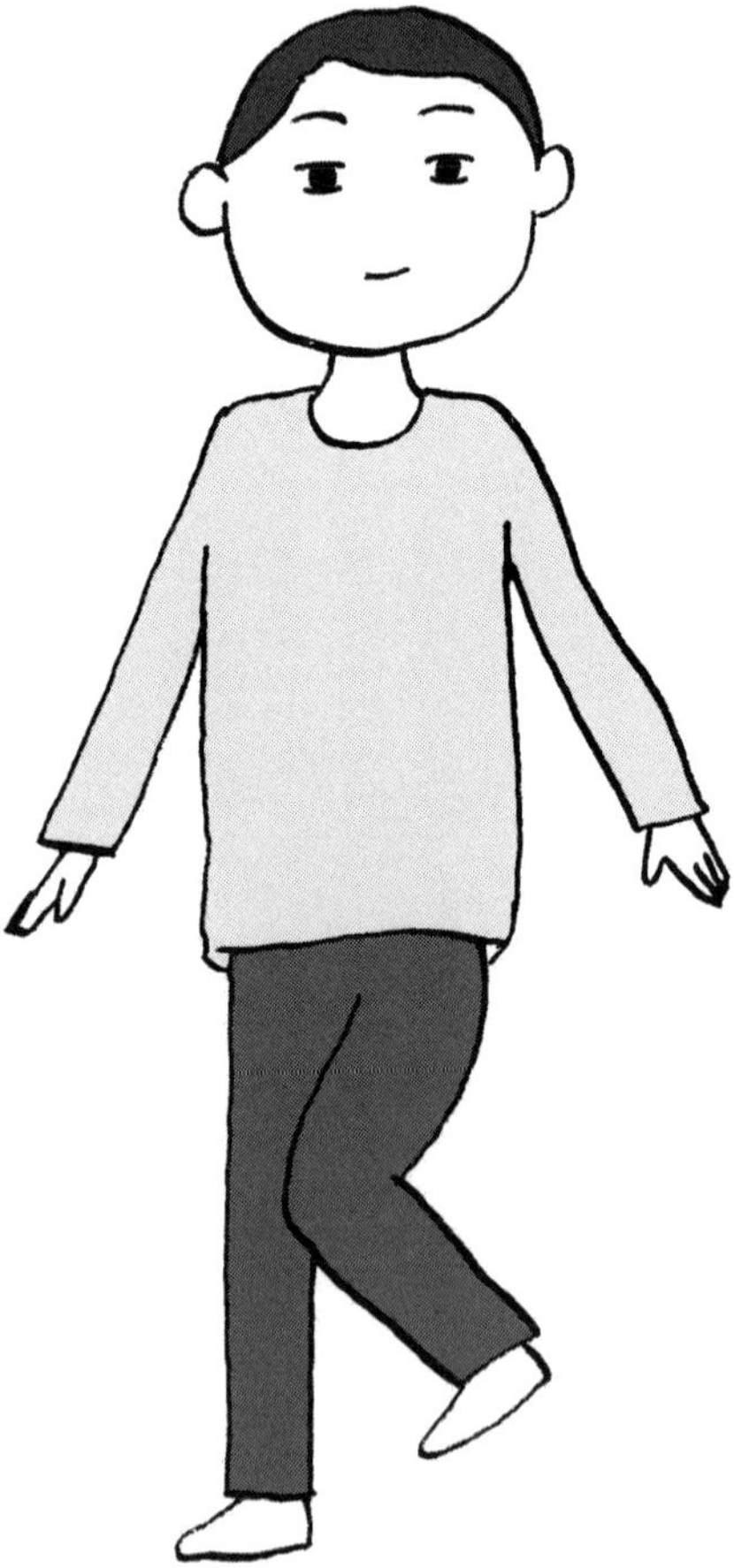

身体を動かす前と動かしたあとに片足立ちをやってみて違いを感じてみよう。

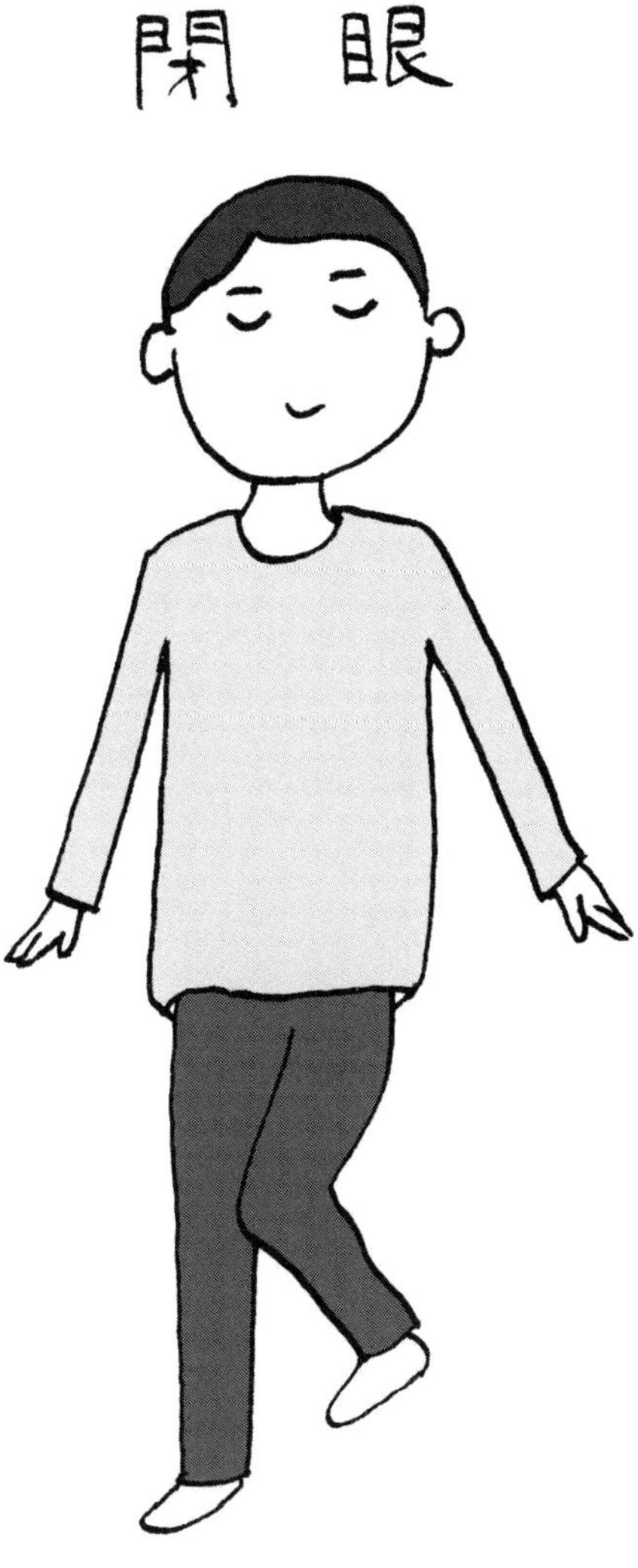

第二部
目指せ人間脳
【実践編】

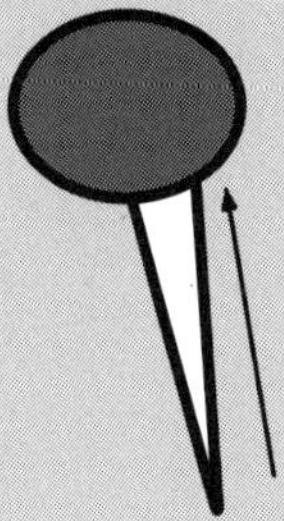

進化の過程のどこからが人間か？

さて、第一部で「進化と動きの動きをたどることとの目標」を確かめたあとで、第二部はその目標に向かう実践編です。

具体的に進化と発達の各段階をたどる動きを栗本さんに提示していただき、ご家庭や支援の場での実践のヒントにしていただけるようにしていきます。

ここでもう一度、「脊椎動物の動きの発達」と「人間の動きの発達」の段階を見てみましょう。

脊椎動物の移動様式の変化

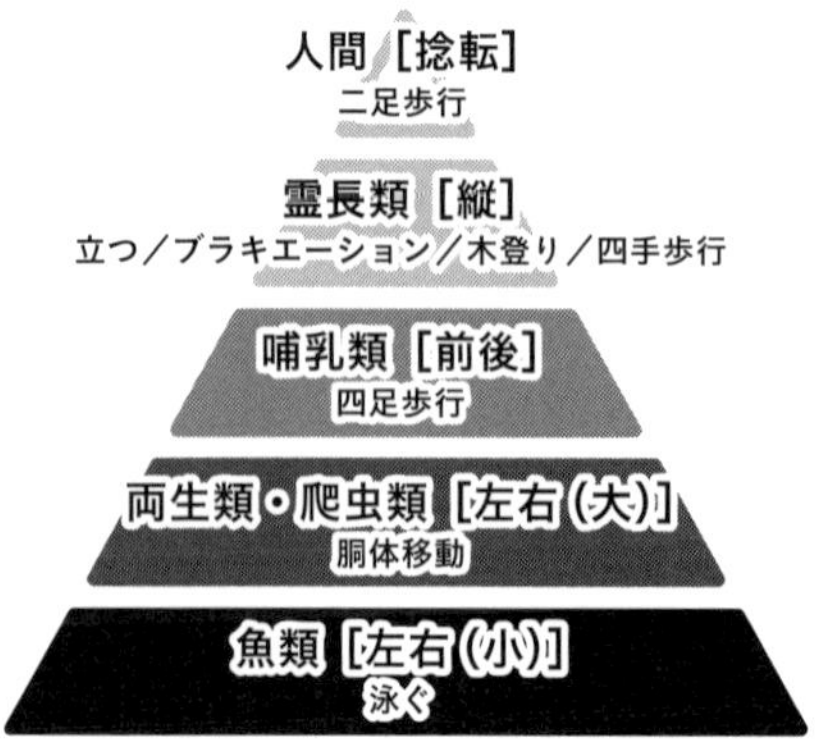

まず脊椎動物の動きのピラミッド。やはりこの、二足歩行からが人間ですか？

実はそれが違うのです。この表にはありませんが、座るところからが人間なのです。

そうなのですか？

はい。人間のように座れる動物は他にいないのです。他の霊長類を見ても、たとえばあぐらをかく猿はいないでしょう。

言われてみればそうですね！

人間ならではの股関節（球関節）と柔軟性があることで多様な座り方が可能になっているのです。そしてそうやって座れるからこそ首を垂直に保てるようになり、手が自由になり、道具を作ることができるようになり、技術が進歩してきました。向き合って話をで

胎児から赤ちゃんの運動発達

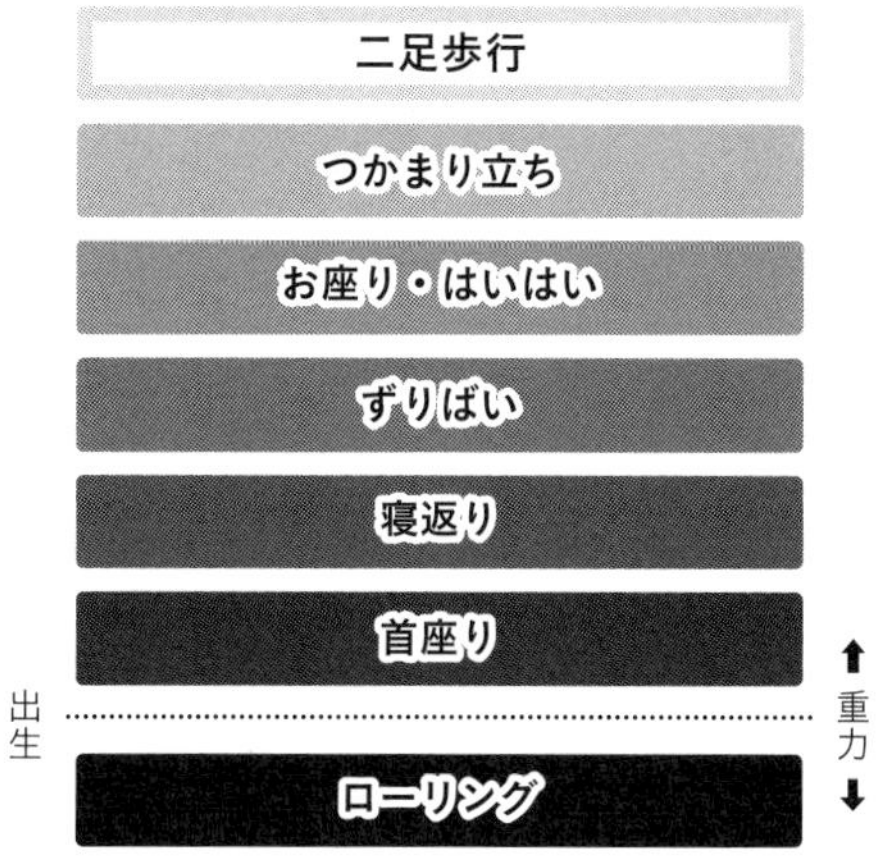

きるようになったことも座れるようになったことと関係しているでしょう。

なるほど。

また、頭が背骨の上に乗ることで脳が発達していきます。大脳皮質が育っていきます。

　だからこそ私は、手で身体を支えないと床に座っていられない人たちに発達の課題を見出すのです。

なるほど、よくわかりました。人間脳を育てる人間らしい動きとは、二足歩行の前、頭が背骨の上に乗って手の支えなしに座れるところから始まるのですね。

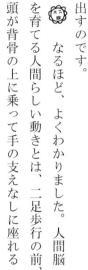

呼吸の問題

はい。そして発達凸凹のある人たちには、息が深く吐けない・吸えないといった特徴があります。

栗本さんとしては、その原因は何だと考えていますか？

横隔膜を支配する脊髄神経は頸髄にあります。首が硬くなると頸髄から出ている横隔膜神経の働きに影響が出て呼吸がしにくくなるからだと考えています。そしておそらく、鼻や口の運動をコントロールする脊髄神経もうまく働いていないと思います。

そして私たちが『治ってますか？　発達障害』（南雲明彦＋浅見淳子＝著／花風社）等で見てきたように、呼吸が浅くなってしまうことは情緒的な問題につながりますね。たとえば強迫的になったり、いわゆる「脳みそぐるぐるの状態」（編注：考えすぎなど）になったり。

発達の基礎には「きちんと呼吸できているかどうか」があるということですね。

ただ呼吸は生きている限り誰もが「一応」していて、逆に言うとしていないと死んでしまうので、病気でもないのに「呼吸がきちんとできていない」っていう状態があるとは私は想像してきませんでした。
　けれども発達障害が「神経発達障害」である以上、脊髄神経の働きの影響等で呼吸がうまくいかないこともありうるのですね。

そしてまた、意識して呼吸をすればするほど身体が硬くなってしまうことが多いのです。

そうか。「深呼吸しましょう」ではだめなんだ。

はい。意識運動ではよけい硬くなってしまうことがあります。それは呼吸も同じです。でも、呼吸も他の動きと同様、育て直すことができます。

そうなのですね。呼吸が育つと、一気にラクになりそうですね。

呼吸から変えると――呼吸をラクにすると――、ぐっと発達します。中には知らず知らずのうちに、息を詰めることが習慣化している人がいます。まずそれを自覚するところから始めていただけるといいですね。

胎児のお仕事

とりあえず呼吸の前に、「胎児としてのお仕事」から見ていきましょう。胎児のうちは肺呼吸はしていないんですよね。

そういえばそうですね。酸素はお母さんが送り込んでくれますものね。胎児は母体の中にいて、羊水に浮かんでお母さんに命をつないでもらっているんですものね。
　それでもそんな胎児にもお仕事があるんですね。どんなお仕事があるんでしょうか。

胎児のお仕事はまず、「委ねる」ことです。

なるほど。母体に「委ねる」。それは胎児期ならではの重要なお仕事ですね、たしかに。
このお仕事を抜かしたり不十分にしかやらなかったりしておなかから出てきた人もきっと多いですよね。そしてこのお仕事が不完全なまま生まれた人は

・恐怖麻痺反射（原始反射。胎児が母体の危機から身を守る機能を持つ。参考図書『人間脳を育てる』灰谷孝＝著／花風社）の残存

・胎児性の愛着障害（言葉では治癒できないレベルの愛着障害。参考図書『治療のための精神分析ノート』神田橋條治＝著／創元社、『愛着障害は治りますか？』愛甲修子＝著／花風社）

などを抱えることになり、それが過敏性や過度な不安など生きづらさにつながっていますよね。

私事で恐縮ですが、私は海水浴が大好きです。とくにぷかぷか海に浮かんでいるととても気持ち良いので、恐怖麻痺反射の残存なり胎児性の愛着障害なりで苦しんでいる人によく「委ねるって気持ちいいよ」とか言ってしまうのです。でもそういう人に「委ね（ようとし）てみた。でも心地よさより前に恐怖を感じた」と言われてしまったりして、申し訳なかったのかな、とか思います。

 委ねる感覚は大事なんです。委ねる感覚が育っているかどうかで他者と信頼関係を構築できるかどうかが影響を受けますから。そしてそれは大人になっても続きます。委ねる感覚がない人は、どこか人に対して疑心暗鬼です。

 たしかに。世の中に信頼を持てるかどうかの根っこは、自分を包む環境（胎児の場合は羊水）に身を委ねられたかどうかにあるのかもしれませんね。

でも委ねることが難しい人もいるんです。恐怖感が出てくる人もいるんです。被虐待体験などを持っている人はとくにそうです。身体的にしみついているんですね。だからこそ、身体面からアプローチしていくんです。

でも恐怖感が沸き起こってしまうとすると、ちょっとずつやっていくしかないんでしょうか？

そうですね。でも変わるときは一発で変わるかもしれません。

そうそう。身体からのアプローチってわりと一発で変わりますよね。

そして遅すぎることはなくて、ヌケているものは後からでも埋められるのが身体アプローチのいいところです。

●胎児のお仕事をたどる身体育て

さて、では胎児のお仕事である「委ねる」ことを覚える身体育ての実践にはどのような方法があるでしょうか。

人は生まれて重力がかかるようになるわけですが、その前、胎児は羊水の中にいます。だからお風呂に入って深呼吸するのもいいです。

そうか。海やプールより安心できそうですね。

床もしくは畳と身体の間に
隙間ができているかもしれません。
そこがあなたの緊張しているところです。

身体で確かめてみましょう。
左右のかかとは地面についていますか？
手では確かめないこと。
かかとの感覚を大事にしてください。

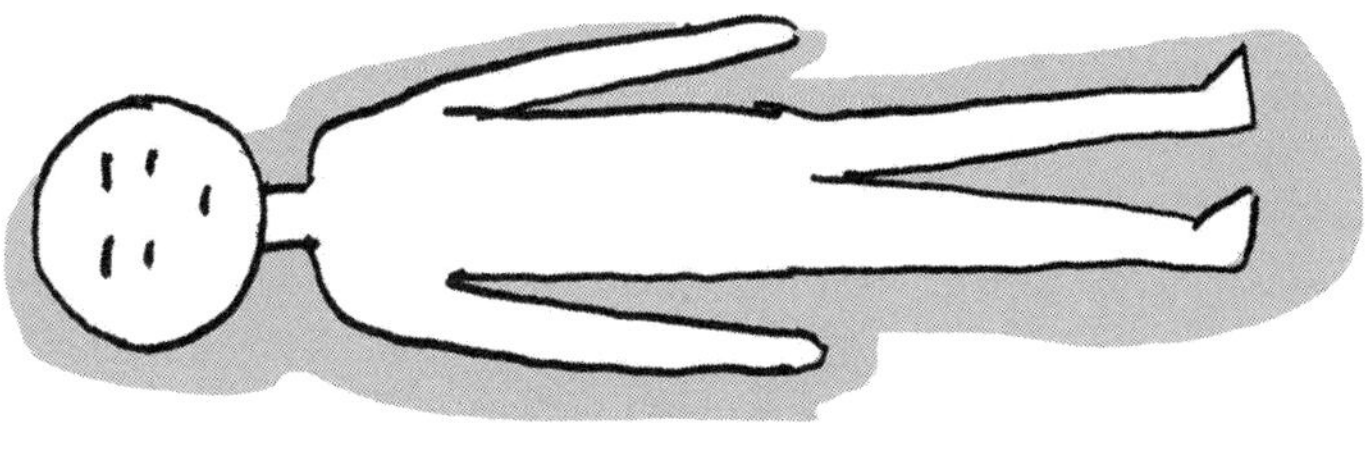

では、次はふくらはぎです。
床についていますか？
「わからない」ならわからないでいいですよ。

右と左、両方感じてください。
どちらかのふくらはぎが
より多く地面と接触しているかもしれません。

いい、悪いはありません。
ただ感じてください。

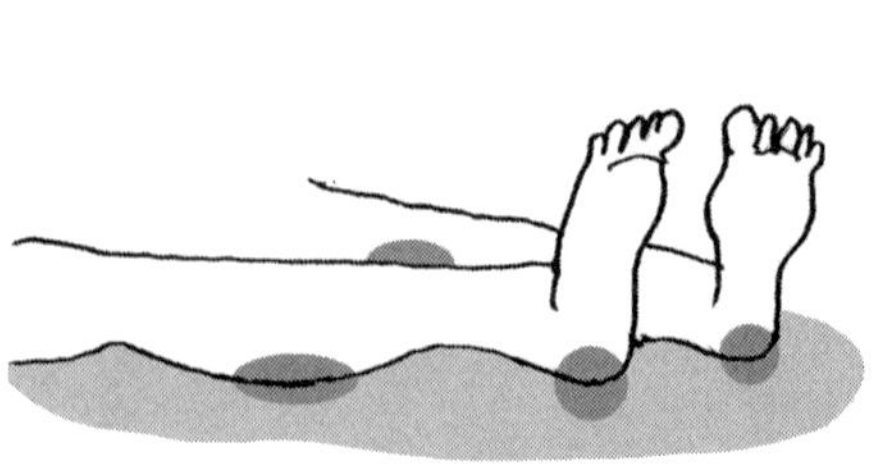

それでは次は、両膝の裏。
床とどういう関係ですか？
感じてください。

次は太ももの裏。
床についていますか？
左右とも感じてください。

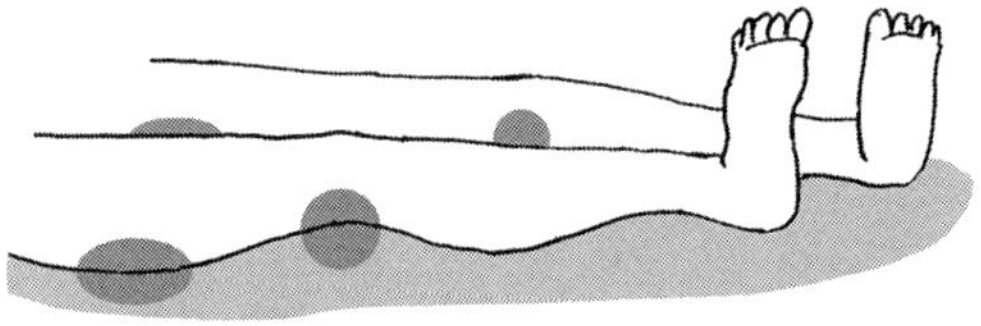

次はお尻です。
右のお尻と左のお尻。
地面についているのを感じてください。

次は腰です。
地面とどういう関係ですか?
感じてください。
わからなければわからないでいいですよ。

次は背中です。
右、左、真ん中あたり。
感じてください。

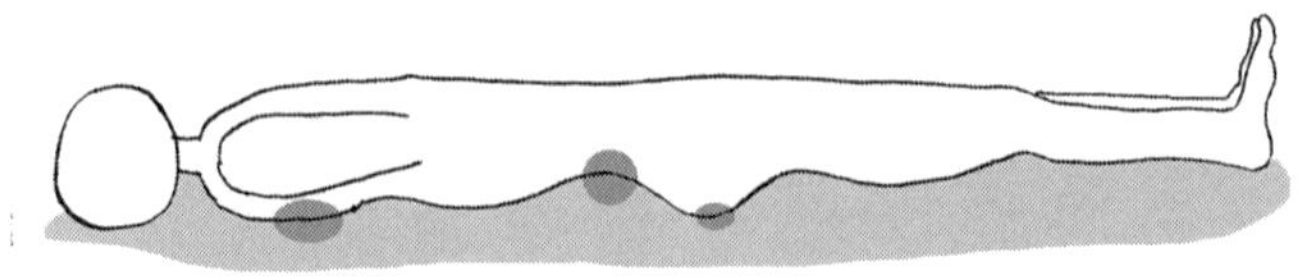

そして肩胛骨。
右、左、どう地面と接触していますか？
感じてください。

首の後ろ。
どういう感じですか？

頭の後ろ。
右側と左側。
どういう感じですか？

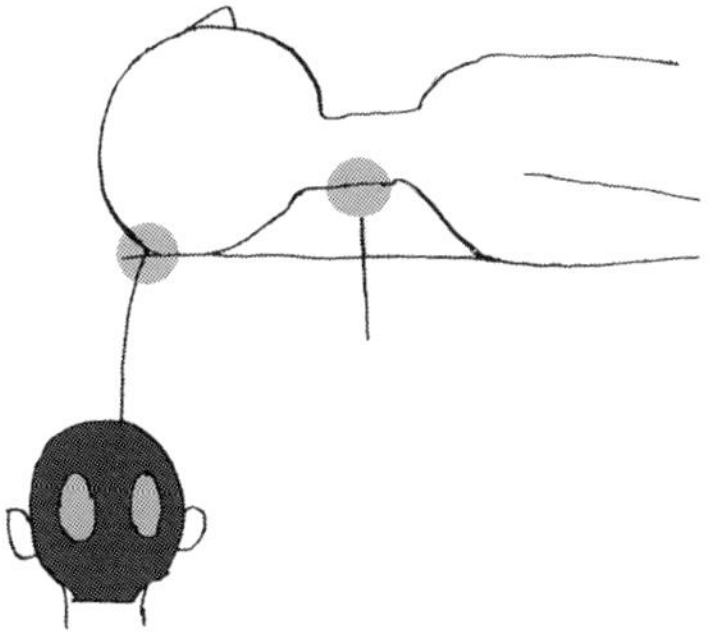

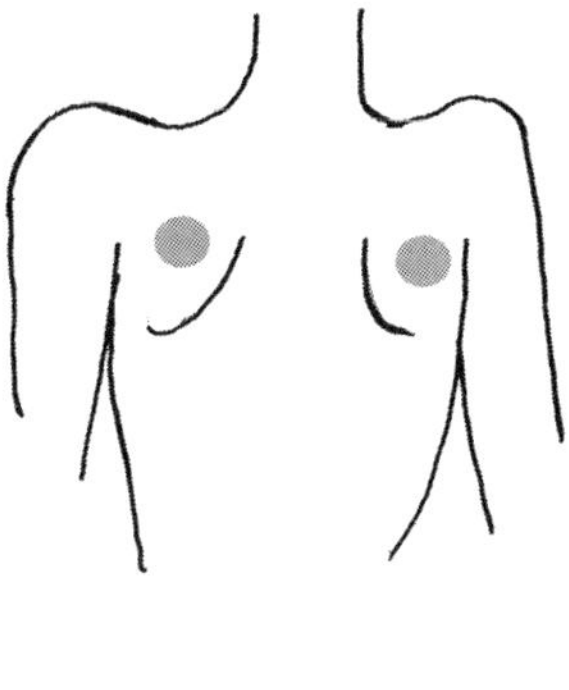

さあ、かかとから頭まで感じましたね。

それでは、息を大きく吸って
そしてゆっくりとはいてください。
自分のペースでいいですよ。

自分のペースで繰り返してください。
大きく吸う。
ゆっくりとはく。

自分が風船になったイメージで。
足の裏まで、
風船をふくらませるイメージで。

呼吸は
鼻からでも口からでもかまいません。
足の裏までふくらますつもりで
深呼吸してください。
そしてラクにして……（10秒くらいの間）

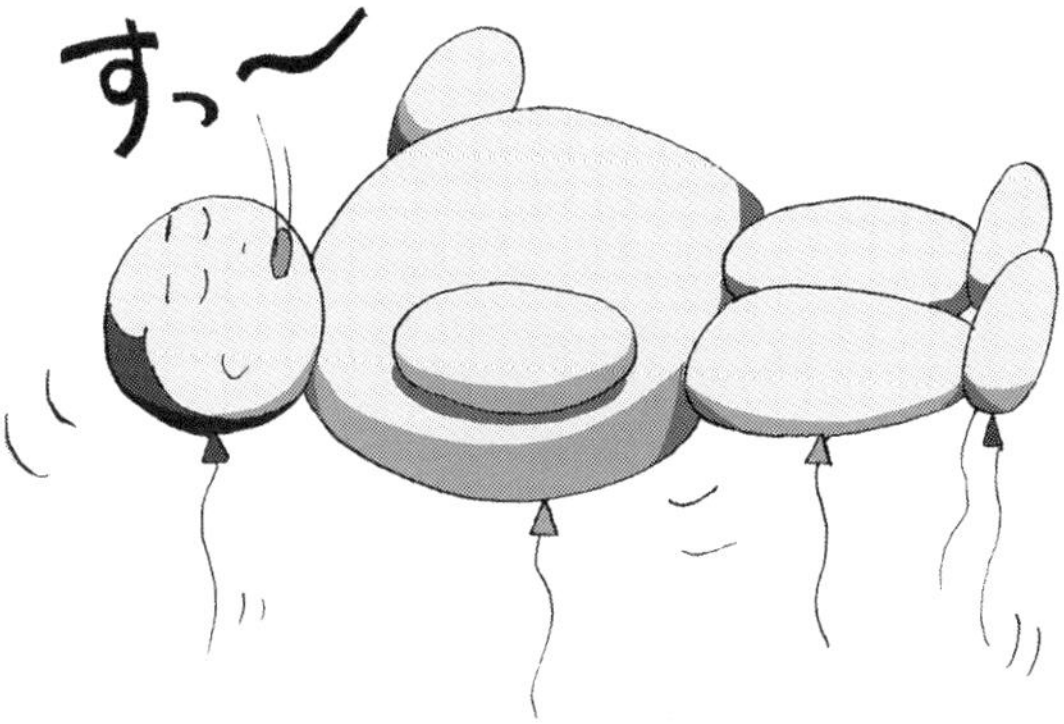

比べてみてください。
先ほどと、地面との接触した感じを。

ひざの後ろの感じを、
先ほどと比較してください。

今度は、あごをつきあげるようにそらしてください。
グッと力を入れないように
丁寧に優しく行ってみましょう。

動きが止まったところで、
元に戻してください。
首筋が伸びています。
これを繰り返してください。

伸びたら、戻す。
ゆっくりと丁寧に……。

伸びたら、戻す。

どうですか？
床との接触は増えましたか？

中には増えない人もいます。
でも床との接触が増えたり、
痛かったところが消えたりします。

ゆっくり、ゆっくり、
起き上がってください。

このワークは、眠りの質も良くします。

＊P.102～113
『自閉っ子の心身をラクにしよう!』
栗本啓司＝著より

これをやるとやはり、眠くなりますね〜。もともと安眠のためのワークかと思っていましたけど、「委ねる」練習にもなりますね、たしかに。そして背面が安心するワークだと思います。

恐怖麻痺反射の統合も、胎児性愛着障害の治療も、背面を弛めることに効果があるようです。それは、お母さんのおなかの中にいたときのやり直しができるからだろうなあ、と思っていました。風船ワークも同じ効果がありますね。

この本や他の本に書いてあるやり方だけにとらわれず、自分が安心して委ねる感覚が味わえる姿勢や動きを採り入れたり編み出したりすればいいと思います。「動き」を広い意味でとらえると色々思いつくはずです。

私は年に何度か海水浴をしようと思います。頑張って泳ぐのではなく、波に浮いてリラックスするのが目的です。波に乗るのは面白いです。

海水浴などは、支援者に頼らなくても家族でできる遊びです。そういう遊びが大事なんです。それをわかっておくだけで支援への依存度が減るのがいいと思います。

●ローリングしてみよう

小さいお子さんの場合には、こうやって身体を転がしてみることもあります。ローリングと言います。

身体が弛むと自分でも転がれるようになります。マットでお山を作って転がることもあります（「焼き芋転がり」）。みんなで遊べば立派に集団の遊びになります。

なるほど。大人はどうすればいいですか？

大人の場合のローリングは腕を使わない寝返りと考えてもらうといいでしょう。発達凸凹のある成人の方の場合には、身体に力

が入って転がれないこともあるのです。まずはころころ転がる練習をしてみるといいですね。なるべく音を立てない転がり方を心がけるといいです。

 やってみましょう。なるほど……音を立てない転がり方を心がけると、勢いで転がらなくなりますね。軟体動物になった気分になります。そしてなんだかのんきになります。身体が弛まると、本当にのんきになるんですね。

こうやってお母さんのおなかの中でのんきに待っている。それが胎児のお仕事だし、その時期を経てこそ心身が育つのですね。

まとめ

胎児のお仕事

- 胎児のお仕事は「委ねる」ことである。
- それが上手に行かないこともある。
- あとから取り戻す方法はたくさんあるし自分でも考案して試してみるといい。

首座り

さて、胎児のお仕事は終わりました。お母さんのおなかの中から出ると、何が起きるでしょう。

重力とのお付き合いが始まります。肺呼吸が始まります。

そうです。そして赤ちゃんはいきなり肺呼吸が上手になるわけではなく、段階を追って上手になります。

発達凸凹の人には呼吸がうまくいっていない人も多いことを見てきましたが、呼吸がだんだんと上手になる途中のプロセスを抜かしている人もいそうですね。

そうですね。

胎児のときには、肺には水が入っています。要するに肺では呼吸していないんですね。産道を通るとき胸郭が圧迫され、口から水が吐き出されます。次に肺の水は肺のリンパ管系を通って排出され、出産後、肺が拡張するとともに、毛細血管を通じて血液に吸引され取りのぞかれます。

このようにして肺の水は完全になくなって、空気と置きかえられ、呼吸が始まると言われています。

産道を回って通ってくるんですよね。それも「動き」ですね。自分で動いて産道を通って締め付けられて肺から水が出て、おなかの外に出たことがたしかにわかったら、自分の肺を使い始めるんですね。

そうです。そして、産道を通らないと呼吸がうまくいかないことがあるようです。

命を守るために分娩の方法は多様化したわけですが、その結果呼吸をきちんと覚える機会がない人も増えたのかもしれませんね。

また今は病院の明るい光の中で出産する人が多くなりましたが、生まれた直後の明るすぎる光が呼吸の妨げになるという説もあります。

たしかに自然界の中では、出産は薄暗い中で行われたことでしょうね。命を守る技術の進歩のために、助かる命も多くなった。でも整った環境には、発達の途中を飛ばせる条件が整えるという面もあり、発達のヌケを見せる人も増えた。そういうことなんでしょうか。

技術の進歩だけではなく、ごく単純なヌケ、たとえば十分に泣けなかったことなども、呼吸の発達には妨げになります。

赤ちゃんは泣いて呼吸の練習をしているのですね。うるさがってはいけませんね。でも、たとえ十分に泣けなくてもそのヌケは取り戻せるんですよね。

そうです。呼吸の学習はその後も続きます。乳を吸うのも呼吸の練習です。首が育つでしょう。

ああ、たしかにお乳を吸う力は首を育てそうですね。

発達はスポーツではなく、泣いたりお乳を吸ったりといった命を育むための動きの中に源があります。それが足りない人が増えたということかもしれません。たとえば、きつすぎるおむつや固定した歩行器などが発達を妨げるという説もあります。首が座ってくるためには、手足を自由にばたばたする動きが必要だからです。

改めておききしますが、「首が座る」ってどういうことでしょう。

首が育っている、首が首として機能している、ということです。

首が首として機能しているということは

・頭を首で支えることができ、自分の意思で頭を自由に動かすことができること

具体的には

・何か興味のあるものがあると首だけそちらを向く

という機能もありますね。でも発達凸凹の人の場合それが難しかったりしますね。首だけを動かさず、身体全部そちらに向けたり。

 はい。首だけ動かして横にある物をつかめなかったりする場合は、首が育ちきれていないことが考えられます。

 首が育っていない＝首として機能していないなんですね。

 また、首の発達状況によっては首と腕の動きの繋がりが不十分の場合が考えられます。こういう簡単なテストで、つながっているかどうかがわかりますね。

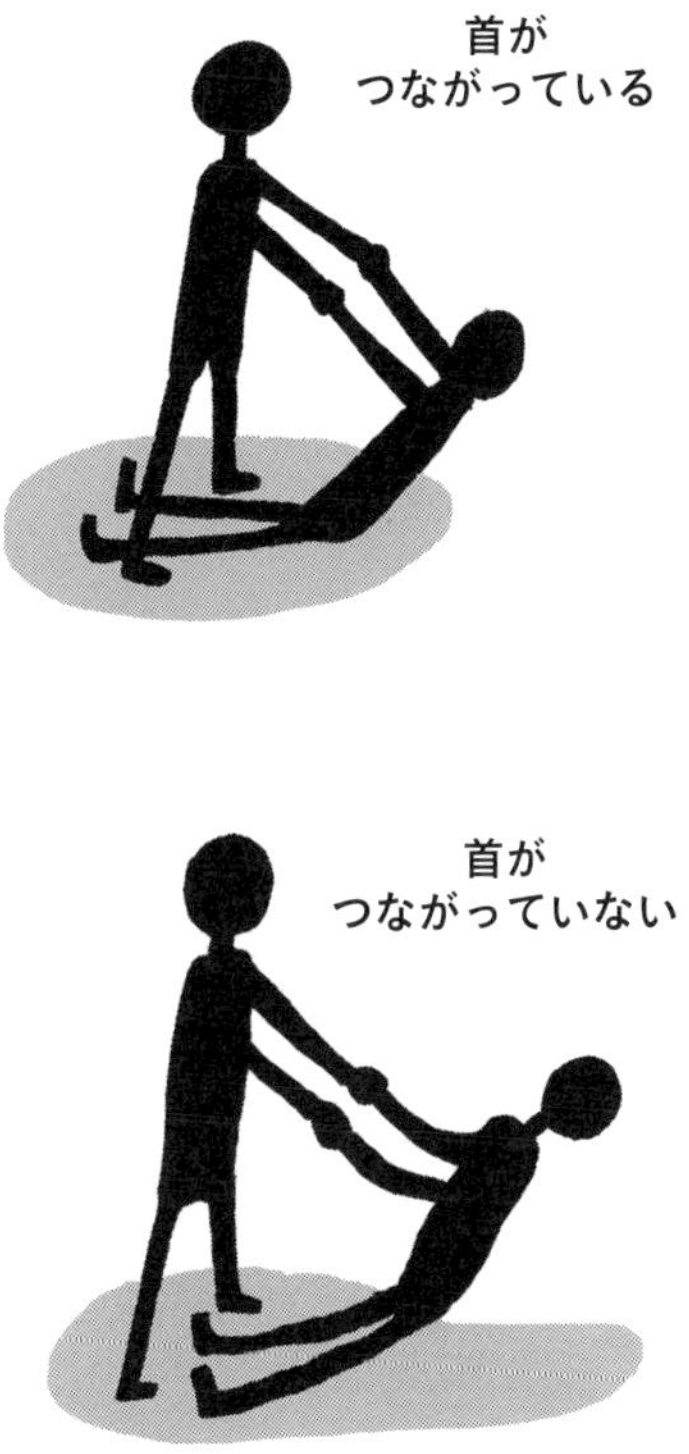

＊『自閉っ子の心身をラクにしよう!』
栗本啓司＝著より

その結果首が座っていない人は、手がきちんとコントロールできれていない印象があります。

いわゆる「不器用」ですね。そういう人はどういうワークをすればいいですか？

●首を育てるのは足脚から

詳しくはその方を見ないとわからないところがありますが、首が硬くなっていたり、首が座っていく時期に手足を自由に動かすことが不足していた可能性が考えられます。そして指導の場では、立位ではなく座位等で手より足脚を使うことを優先させるようにしてます。

そうなのですか？　首の働きをよくするためのワークでも足脚をたくさん動かすのですか？　どうしてですか？

手を使うと首が余計に硬くなったりします。そして、遠い足脚を優先させた方が首と他の部位が協調し集中しやすくなるからです。腕より遠いから、足脚の方が集中するんですね。

なるほど。

あと、足脚を使うと呼吸の動きが発達していきます。人間には横隔膜と大腰筋がありますね。横隔膜は「ハラミ」で大腰筋は「ヒレ」なのですが、横隔膜と大腰筋は哺乳類になってからできてきたものです。大腰筋は胸椎下部・腰椎から大腿骨に繋がっていて足脚の動きと関係しています。

足脚を用いた動きが多くなってくると必然的に呼吸器の進化が必要となり横隔膜ができてきました。それによって腹式呼吸ができるようになってきたと言われています。

また、横隔膜を支配している神経は頸椎から出ています。横隔膜が働くことで首の発達や進化にも影響を与えていると思います。

呼吸が発達する→首もまた発達する→より脊椎動物としての動きが発達していくという好循環が始まるのでしょうね。

呼吸が浅いと、湿気への対応も難しくなって日本のような高温多湿の地では季節への対応も難しくなります（参考図書『芋づる式に治そう！』）。そして呼吸が深くなると無意識の動きも発動します。

そうなのですか。

なんだか「首座り」がテーマだったのにいきなり足脚とか横隔膜が出てきてびっくりですが、全身はつながっているから当たり前ですね。全身がつながっているからこそ、発達は少しテコ入れすると一挙に起こるのでしょうね。どこかが治ると突然ぐっと発達する人は、たくさん見てきました。

まとめてみましょう。

・首が育つと呼吸が深くなる。

・呼吸が深くなると無意識の動きが発動する。
・足脚の動きが首を育てる。
・首が座ると手が使えるようになる。

身体各部位はぐるぐる関係し合ってお互いの成長がお互いのさらなる成長を助けていますが、これが有機体ということですね。

そうです。嚥下に課題を抱えた方も見られますが、嚥下にも首の育ちは当然関係あります。発達をたどるという意味で、哺乳瓶で水を飲むことをお勧めすることもあります。首は人間の全身をコントロールしているでしょう。首がきちんと育っていることは大事なんです。首が育っていてこそ、脊椎の動きが出てきます。

そして、発達障害の人は耳鼻咽喉科にお世話になることが多いですよね。アレルギー（含花粉症）の問題もよく見られます。アレルギーは呼吸と関係があります。それも、首の育ちと関係していると考えられます。

以前からなぜ発達障害の人はアレルギーが多いのだろうと不思議に思ってきたのですが、呼吸と関係あると教えていただいて腑に落ちました。

足脚を動かすことで首が育つ。足脚を動かすことで呼吸が育つ。けれども第一章でみたように立位が難しい人がいるでしょう。そうする人はどういう足脚の運動をすればいいですか。

足脚でボールを渡す遊びなども集団指導で盛り上がりますね。

これは着地面積が広いから結構できる人が多いですよ。

それから一人が両腕でバスケットを作ってもう一人がそこに足脚でボールを入れたり。

これも首が育ちます。座位でもできる足の運動はあります。皆さんで工夫していただけるといいと思います。

また、もうひとつこの遊びも盛り上がりま

すよ。息相撲です。
腹ばいになり、毛糸やボールなどを吹いて吹く力を競うのです。
これは盛り上がりますね〜。
座位や床に身体を着けて行う動きをどんどん思いついていけるといいですね。

まとめ

首座り

・呼吸が育つと首が育つ（座る、機能するようになる）。
・首が育って初めて脊椎が機能し始める。
・不器用のひとつの原因も首が育っていないことである。
・首を育てるには足脚を自由に動かすことも大事。

寝返り

さて、首が座って次の動きの発達は寝返りですね。

寝返りと発達障害の関係には、十年以上前から気づいていました。発達障害の人はどうも寝返りが苦手らしい、寝返りをしなかったり少なかったりするらしい。栗本さんに出会って、それがなぜか、どういう不具合が生じるのか、ようやくわかってきた気がします。

脊椎動物として発達していないと、つまり腰がきちんと使えていないと、寝返りっていうのはできないものなのでしょうか？

一応できますね。でもできるけどごまかしの寝返りなんです。赤ちゃんの寝返りをみると、足から動くでしょう。足が上がってそれから寝返りを打つ。

たしかに。

発達障害のお子さんの中にはそれができない子がいるんです。

なぜですか？

発達障害の診断がついたりグレーゾーンと言われるお子さんたちの中には、脊椎動物としての進化をたどっていないようなお子さんも多いですよね。そうすると、自分で動けないんです。

自分で動けない？

はい、自分から動けないんです。

動きが中枢神経を育てるのだったら、なんらかの理由で身体の動きが乏しかったりする場合、中枢神経が育ちにくいのも当たり前ですよね。

そうですね。

そもそも私たちがやっている「身体育て」の目標は、大人になったとき自分で自分の身体を使って思考を現実化できる状態まで育ってもらうことでしたよね。

「やりたいことができる身体」になって資質を開花してもらうのが目標です。

もちろん学校にいる間は、ああしろこうしろと命じられるわけですが、そうじゃない場面では、自分で動かなくてはならない。そのためには寝返りできる身体になっておくことはとても大事なのです。

そうなのですか。そこにつながっているのですか。不思議です。

もちろんかといって「目指せ寝返り！」と寝返りを打つことが目標に据えなくてもいいのです。自然に寝返りを打つような身体になっておくことが発達上とても大事だということです。

寝返りは睡眠の質にかかわりますから、当然認知や情緒とも関係ありますものね。

寝返りの一番大事な役目はやはり、『自閉っ子の心身をラクにしよう！』に書いてあったとおり、疲れを取ることですか？

そうです。寝返りは寝ているとき、無意識に疲れを取る動きです。実は立っているときも、人間は無意識に揺らいでいるんです。だから腰痛にならないんです。

その無意識の動きがないと、意識していちいち筋肉に命じなくてはなりません。無意識の動きを発動していかないと生活するために身体を使うのがしんどくなるのです。

なるほど。

自然に寝返りが打てるようになるために、身体はどうなっていればいいのでしょうか？

腰が自由に使えるようになっているといいですね。

腰が自由に使えるとは？

人間の腰の動きの特徴のひとつとは、ねじれて戻ることです。類人猿のチンパンジーは腰椎が四つしかなく、腰をねじって歩くことはできません。それに対し人間は五つあります。人間の二足歩行は、腰がねじれて戻る動きなのです。

なるほど。では寝返りも、実は二足歩行の準備なのですね。五つの腰椎が機能すること。それが「腰が使える」ということですね。

自閉症のお子さんたちは、転がる遊びのときにも腰がねじれない転がり方、不自然な転がり方をすることがあります。腰がねじれて戻らないのです。そして腰がねじれたままだと泌尿器に影響が出てくるようです。泌尿器に問題があると落ち着きがなくなります。

逆に言うと寝返りができる身体になる——すなわち腰が使えるようになると排泄、落ち着き、とそれだけの問題が解消されていくわけですね。『自閉っ子の心身をラクにしよう！』では腰を使えるようになるためのトレーニングとして片足立ちなど推奨されていましたけれども、今までの話を聞いていると、赤ちゃんに戻って足を上げてバタバタさせたりするといいみたいな感じですね。

ある動きの発達の段階に達していないとき、その子にとって難しくないことに立ち戻ってやらせてあげるといいんです。その方が夢中になれるし、集中できますから。だから寝返りがうまくいっていなかったら、寝返り以前の動きをやりきることが大事です。

脳みそのエネルギーを食わずにすむんですよね、自分にとって簡単な動きだと。

だから集中できるんです。

そういう簡単な動きが発達にいい、ということがわかるだけでみんなほっとすると思います。

名前のない遊びがとても大事なんです

「身体アプローチ」という語感の持つ響きが、運動嫌いのご本人たち、保護者たち、そして支援者たちを怖がらせてきたところはたしかにあるのです。

でも難しいスポーツではなく、疲れる運動でもなく、赤ちゃんのときにやっていた動きを今からでもやることによって身体↓情緒・学習と不具合が改善されていくということがわかるとやる気になる人が増えそうでうれしいです。

身体アプローチといっても、無理なことはしなくていいんですよね。コンディショニングは「鍛える」というより「整える」という方向性を持っています。

動きで発達するためには、自発性と主体性が欠かせないのです。自分でやれる、やりたい、と感じる動きでないと発達しないし、そういう動きを見つけてあげるのが支援する側の役目だとも思います。

それか金魚体操のように、向き合って働きかけるアプローチでラクにしてあげる方法もありますね。

金魚体操

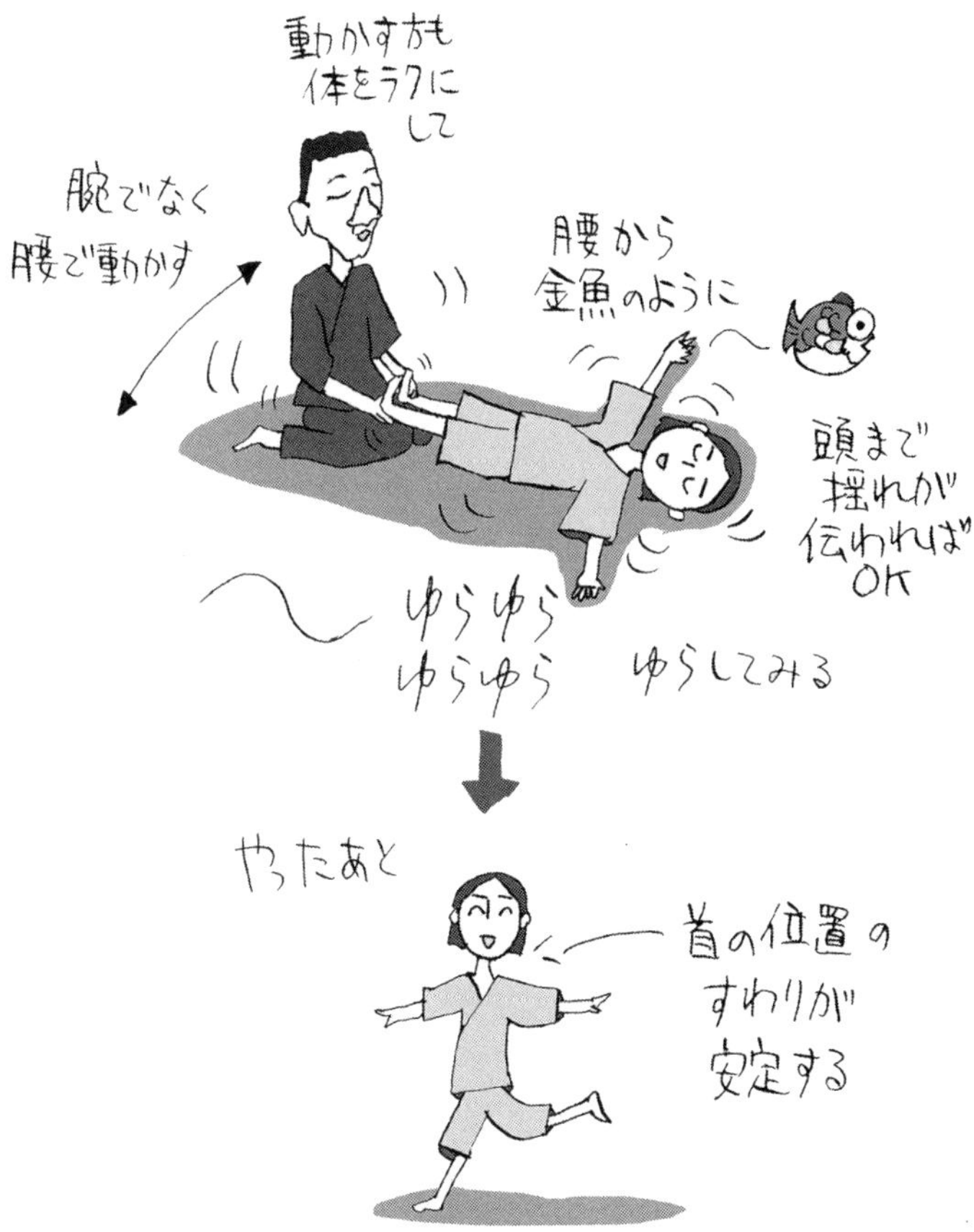
動かす方も
体をラクに
して
腕でなく
腰で動かす
腰から
金魚のように
頭まで
揺れが
伝われば
OK
ゆらゆら
ゆらゆら
ゆらしてみる
やったあと
首の位置の
すわりが
安定する

寝返りの場合も、腰だけではなく足脚が硬直していて打てない場合があります。
そのときは足脚を回してあげるといいです。

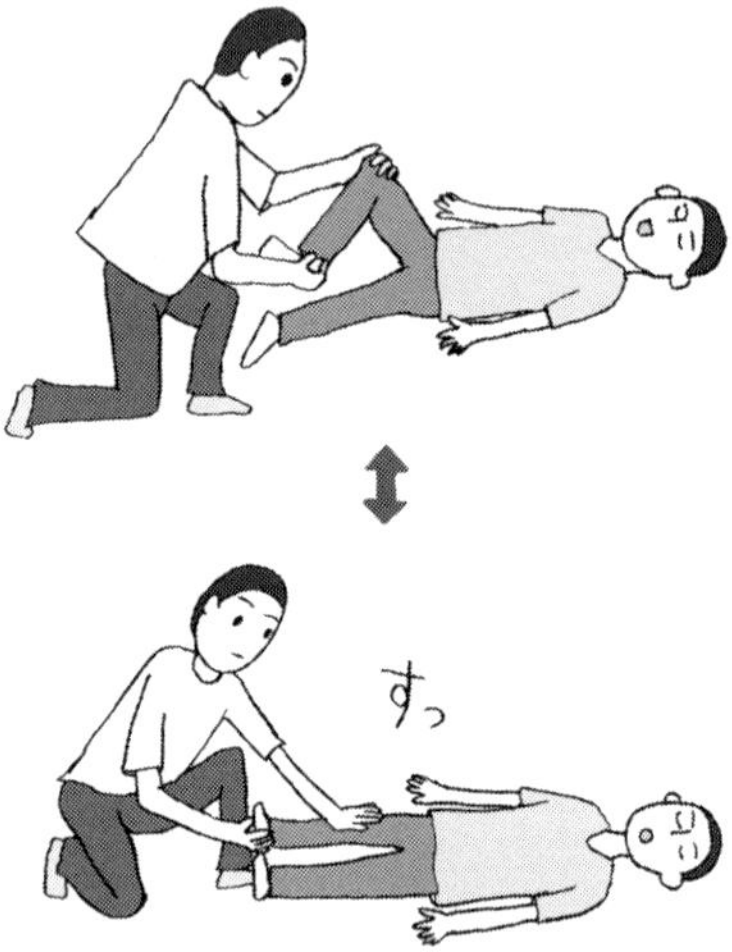

ああ、これは運動前の準備体操などでよくやる気がします。大人の場合、自分で回すんですが。お子さんの場合には、こうやって回してあげてもいいんですね。

足脚が硬直している子にこれをやってあげると、それだけで寝返りが打てるようになることもあります。また排泄もよくなったりします。

仰向けだと力が抜けてうつぶせだと力が入るという子もいます。よく観察して色々な体勢で様々な弛め方を試してみるといいのです。弛んでもふっと硬いところはあります。そうしたらまた弛めてあげればいいのです。

硬直している、というのは発達障害の人たちの身体を見てよく思うことですが、それを無理のないアプローチで取ってあげるだけでもラクになりますね。そしてそれが「やりたいことができる身体」の土台になるのですね。

●寝返りができるようになる意味

まとめてください。寝返りができるようになると、どういういいことが起きるのでしょうか。

まず、疲れが取れます。それと、寝返りは初めての移動であり、無意識の調整運動です。

たしかに。

身体的にみると、寝返りによって更に背骨が育っていきます。それが、次の移動運動（はいはい）やお座りにつながっていきます。寝返りは全身の動きですから。

たしかに全身運動ですね。難しいスポーツじゃないけど、全身運動。

そして先ほども言ったように、内臓も排泄も整っていきます。

そうすると情緒も安定し、生活リズムも築きやすくなりますね。

そして寝返りができる身体になり、目覚めている間に方向転換できるようになると、世界観が変わります。首の動きでの認知の変化と違うはずです。

そうですね。ぐるっと変わるんですものね。

そうすると、世界に奥行きができるはずです。視点によって世界の見え方が違うことを体感していくはずです。

他人の立場に立ってみる、とかそういう社会性の根っこは、こういう視界の切り替えにあるのかもしれませんね。

だから、起きているときに寝返りしてみると「あ、いける」という感じが芽生えているはずです。

自己肯定感のルーツですね。

まとめ

寝返り

- 寝返りできるようになるのは大事な発達段階。
- 「目指せ寝返り！」ではなく、弛むことができる身体になれば、自然に寝返りできるようになる。
- そのためには赤ちゃんの動きをやりきるのが近道。
- 寝返りが自然にできるようになると排泄（お小水）の働きが高まることもある。
- 目覚めているとき、方向転換を経験すると、世界観の切り替えも体得しやすくなる。

ずりばい　両生類・爬虫類の動き

●ずりばいと発達

ずりばいって要するに、匍匐前進みたいですね。

そうです。

これも動きの発達に必要な段階なんですね。

でも自閉症のお子さんたちはやりたがらないことも多いですね。

なぜですか？

おなかを地べたに着くことに抵抗を感じるのかもしれません。首が座っていないと腹ばいの姿勢がきつくなるし、触覚過敏の影響もあるかもしれません。

ああなるほど。

そういうお子さんにはラッコみたいに背中で移動してもらいます。トンネルや棒の下をくぐったりすると楽しく取りくめます。

おなかの接触が気持ち悪い人には背中でもいいのですか？　そこまでして、どうしてもこの段階をクリアしておく理由はなんですか？　全身がわかるからですか？

地べたを使うからです。地べたに身体を委ねたり、なじませたりするためです。その運動ができるようになってから四足歩行（四手歩行）に入っていくので、ずりばいのような胴体移動を覚えておくことは大事なのです。そしてこの動きで両生類・爬虫類の動きをクリアするでしょう。

あ、本当だ。両生類・爬虫類ってこういう風に動きますね。

子どもの育ちを見ながらも、つねに脊椎動物の動きの発達ピラミッドを頭に入れておくことが大事なのです。

なるほど。ずりばいを抜かしている子には、どういう特徴がありますか？

首の緊張があること、接触を嫌がることが多いです。

そうなのですか……。でも考えてみれば、全身をあずける対象として地面ほど揺るぎのないもの、あてになるものは他にないと思うのですよね……。そこを抜かしているとすると、何かに触れたり身をあずけたりするのは相当怖いかも。接触に過敏になっても当たり前かもしれない。

成人の方でそういう傾向がある方は、126ページでご紹介した息相撲で遊ぶのもいいかもしれませんね。

夢中で息フーフーしていたら、接触は気にならないかもしれませんね。それに、匍匐前進自体楽しい遊びではないでしょうか。子どものときに必死に崖を登ったことを思い出します。

よく滑り台を逆に上るのが好きなお子さんもいますが、それもずりばいの導入にもなるし、もっと進んだ段階の「つかまり立ち」にもなります。子どもはそうやって自発的・主体的な動きで自分で自分を育てているのですよね。

親子で匍匐前進とか、楽しいと思います。

はい。そしてこれは集団遊びに容易に取り入れられます。